Der eigene Wintergarten

Sonnhild Bischoff / Ursula Kopp

Der eigene Wintergarten

Planen – Bauen – Bepflanzen

Mit Beiträgen von Wolfgang Kawollek
und Dietrich Mierswa

AUGUSTUS

Die Deutsche Bibliothek – CIP Einheitsaufnahme

Der eigene Wintergarten: Planen – Bauen – Bepflanzen/
Sonnhild Bischoff / Ursula Kopp [Ill.: A. Aisenstadt]. –
München : Augustus Verl., 1999
ISBN 3-8043-7125-6

Augustus Verlag, München 1999
Weltbild Ratgeber Verlage GmbH & Co. KG

Redaktion: Verlagsbüro Kopp, München
Layoutentwurf: Zentralbüro für Gestaltung, Augsburg
Layout: Jo Herrmann, Bad Waldsee
Zeichnungen: A. Aisenstadt, Augsburg; SANS SOUCI – Wintergärten mit Stil, Düsseldorf
Umschlaggestaltung: Vera Faßbender, Augustus Verlag
Satz: Filmsatz Schröter, München
Reproduktion: Karl Findl & Partners GmbH & Co. KG
Druck und Bindung: Appl, Wemding
Gedruckt auf chlorfrei gebleichtem Papier
Printed in Germany

ISBN 3-8043-7125-6

Vorwort

Im 19. Jahrhundert gehörte der private Wintergarten zum unverzichtbaren Bestandteil der großbürgerlichen Villa. Der Wunsch, auf diese Weise zusätzlichen Wohnraum zu schaffen, hatte Vorrang vor dem gärtnerischen Interesse. Im 20. Jahrhundert ließen der allgemeine Mangel der Nachkriegszeiten und eine neue funktionelle Architektur den Wintergarten von der Wunschliste der Hausbesitzer verschwinden. Erst vor etwa 15 Jahren entdeckte man die zusätzliche Wohnqualität, die ein durchsonnter Garten unter Glas bieten kann, neu. Ausschlaggebend dafür waren pflegeleichte Konstruktionen und moderne Eindeckungsverfahren. Auch die Möglichkeit, durch Nutzung der Sonneneinstrahlung bzw. Sonnenenergie fossile Energie einzusparen, spielte ein entscheidende Rolle. Heute steht die naturnahe Wohnraumerweiterung im Vordergrund – denn ein Wintergarten holt zu jeder Jahreszeit die Natur ins Haus. Grüner Salon, beliebter Familientreff, Pflanzenparadies, Energiespender und Klimapuffer – so vielfältig läßt sich der Glasanbau nutzen. Der Bau und die Ausstattung des Wintergartens bedarf jedoch sorgfältiger Planung und Vorbereitung, wenn sich die an ihn gestellten Erwartungen erfüllen sollen und man den Glasgarten auch ungetrübt genießen kann. Das vorliegende Buch zeigt auf, welche grundlegenden Überlegungen anzustellen und welche entscheidenden Fragen in der Planungsphase zu klären sind. Konstruktionsmaterialien und Baustoffe sowie Bauweisen und -formen werden eingehend erläutert sowie mit praktischen Hinweisen und Tips ergänzt. Im Wintergarten muß für ein angenehmes und ausgeglichenes Klima gesorgt werden, damit sich Menschen und Pflanzen darin wohlfühlen. Hier werden Ratschläge gegeben und Informationen über technisches Zubehör vermittelt. Bei der Gestaltung und Bepflanzung des Wintergartens sind die zahlreichen Anregungen und Bepflanzungsvorschläge sicher hilfreich. Ausführliche allgemeine Pflegeanleitungen sollen zum Gedeihen der Wintergartenpflanzen beitragen. Im Portraitteil werden die schönsten Kübelpflanzen mit ihren speziellen Ansprüchen in Text und Bild vorgestellt.

Inhalt

Dieser Wintergarten um 1900 zeigt die ganze Palette formaler Vielfalt und gestalterischen Einfallsreichstums der alten Wintergärten.

Der Wintergarten im Wandel der Zeit

Von der Orangerie bis zum Wohn-Wintergarten

Die Orangerie in Herrenhausen ist eine der schönsten in Deutschland.

Geschützte Winterquartiere für frostempfindliche Pflanzen sind bereits seit ein paar Jahrhunderten bekannt. Bereits im 16. Jahrhundert wurden nördlich der Alpen frostgeschützte Winterquartiere für Pomeranzenpflanzen errichtet. Diese zerlegbaren, an der Südseite mit Glaswänden versehenen Holzkonstruktionen stellte man im Winter über den Pflanzen auf und beheizte sie mit einfachen Öfen.

Im 17. und 18. Jahrhundert galt der »Wintergarten« als Statussymbol für wohlhabende Geschlechter. Ende des 18. Jahrhunderts entstanden erste Wintergärten bei Paris. Relativ jung ist die Idee, verglaste Anbauten und Veranden, in denen die Bepflanzung vorwiegend der Dekoration dient, als Veranstaltungsort für festliche Gesellschaften oder als zusätzlichen Wohnraum zu nutzen.

Auch Hauseingänge wurden mit Windfängen versehen, deren Wände zunächst noch offen waren, jedoch später verglast wurden.

Die Orangerien

Die »Pomeranzenhäuschen« waren die Vorläufer der großen Orangerien. Aus ihnen entwickelten sich im Laufe der Zeit feste, mehr und mehr auch repräsentative Bauwerke, in denen empfindliche Gewächse ganzjährig gepflegt wurden.
Es waren die Fürsten und Könige Europas, die sich in ihren Schloßgärten große Orangerien erbauen ließen. In diesen mit riesigen Fenstern ausgestatteten Gebäuden wurden Pomeranzen-, Orangen- und Zitronenbäume untergebracht. Da die Orangerien häufig auch als Ort für festliche Veranstaltungen dienten, mußten hier, im Gegensatz zu den ursprünglichen Holzbauten, die Pflanzen beweglich bleiben, damit sie bei Platzbedarf auch ins Freie geräumt werden konnten. Man kultivierte sie deshalb mehr und mehr in Kübeln. An die architektonische und technische Ausführung dieser Pflanzenschauhäuser, ihre Beheizung und Belüftung, vor allem aber an die Gärtnerkunst wurden höchste Ansprüche gestellt. Und so waren viele der besten Gärtner auch Konstrukteure und Architekten.
Maria von Medici, die Gemahlin König Heinrichs IV. von Frankreich, hatte 1615 aus Italien 250 Orangen-, Zitronen- und Limettenbäume nach Frankreich bringen lassen. Die mit deren Pflege beauftragten Gärtner erhielten von ihren Kollegen in der Toskana genaue Kulturanleitungen, die bis heute angewandt werden. Zu den berühmtesten Zeugen einer historischen Zitruspflanzenkultur zählt die unter Ludwig XIV. 1654 fertiggestellte Orangerie von Versailles in Paris, und sie gilt wohl auch als die schönste in Europa. Auch heute noch finden dort im Sommer große Empfänge und Feste statt. Von Mitte Oktober bis Mitte Mai jedoch sind hier seit altersher die Lieblingspflanzen des Sonnenkönigs untergebracht, zu denen allein 650 Orangenbäume gehören. Die Temperatur hält man konstant bei 5 bis 8 °C, einmal im Monat werden rund 1000 Pflanzen von Hand gegossen. Täglich wird gelüftet, um die Luftfeuchtigkeit zu reduzieren. Ab Mitte Mai finden dann die 1000 Pflanzentröge wieder auf dem 3 ha großen Freigelände Platz.
Philipp von Orléans ließ 1780 im Park von Moceau einen »Jardin d'Hiver« einrichten. Über den Wintergarten der Prinzessin Mathilde von Bonaparte in Paris berichtet 1869 eine illustrierte Zeitung: »...Es liegt ein wunderbarer Reiz darin, mitten im Winter die Fenster öffnen zu können und anstatt der rauhen Winterluft einen milden, balsamischen Frühlingshauch zu spüren...« In Deutschland zählen zu den schönsten Orangerien die von Schloß Sanssouci in Potsdam und von Schloß Herrenhausen in Hannover.

Gegen Ende des 19. Jahrhunderts baute man häufig an Villen überdachte Freisitze an.

Das Stahlgerüst des Botanischen Gartens in Berlin wirkt sehr filigran.

Öffentliche Wintergärten

Wohl nach dem Vorbild der fürstlichen Orangerien und Pflanzenschauhäuser eröffnete 1820 der Handelsgärtner Breiter in Leipzig den ersten großen, der Allgemeinheit zugänglichen Wintergarten mit Kaffeehausbetrieb. Er bot Platz für 600 Personen, ein Sortiment von etwa 25 000 Pflanzen wurde ständig für die Kunden bereitgehalten.

Als immer mehr exotische Gewächse aus anderen Breitengraden nach Mitteleuropa eingeführt wurden, entstanden für deren Pflege, Zucht und Vermehrung Anfang des 18. Jahrhunderts große Gewächshäuser, die bereits über die Möglichkeiten einer konstanten Klimaführung verfügten. Man baute Heizungen mit Heißluftkanälen, Lüftungsklappen und Beschattungsvorrichtungen ein. Die Gewächshäuser wurden immer größer und höher gebaut, Eisen löste Holz als tragendes Konstruktionsmaterial ab. Erstes grandioses Beispiel dieser neuen Konstruktionen war das 1850 von dem englischen Gärtner und Architekten Joseph Paxton entworfene Ausstellungsgebäude der ersten Weltausstellung in London, der sogenannte »Kristallpalast«. Nur durch die Verwendung von standardisierten Bauteilen aus Holz und Gußeisen, die massenweise vorgefertigt wurden, war es überhaupt möglich, ein solch gigantisches Bauprojekt zu verwirklichen.

Lange Zeit blieb England im Bau solcher Glaspaläste führend. Aber schon bald entstanden nach ähnlichem Vorbild in ganz Europa öffentliche Wintergärten, teils als weitläufige Palmenhäuser botanischer Gärten, teils als Ausstellungshallen oder Veranstaltungsorte für gesellschaftliche und festliche Anlässe.

Der bürgerliche Wintergarten

Mit dem Entstehen des Großbürgertums Mitte des 19. Jahrhunderts entwickelte sich aus den Orangerien und Gewächshäusern der private Wintergarten. Er gehörte zum unverzichtbaren Bestandteil der bürgerlichen Villa. Der Wunsch, auf diese Weise eine Erweiterung des Wohnraums zu schaffen, hatte dabei Vorrang vor dem gärtnerischen Interesse. Der noch unbeheizte Wintergarten wurde allerdings nur im Sommer und in den milden Übergangsmonaten genutzt. In den Villenvierteln vieler Städte,

dort, wo der Krieg keine Spuren hinterlassen hat, sind noch heute viele Beispiele aus der Gründerzeit zu bewundern. Die formale Vielfalt und der gestalterische Einfallsreichtum der alten Wintergärten und verglasten Veranden lassen sich mit dem heutigen modernen Angebot nicht erreichen. Nicht immer jedoch trugen die Anbauten zur Vervollkommnung eines bestehenden Bauwerks bei.
Die häufigste Form des Anbaus war die verglaste Veranda. Ein Balkon erhielt ein Dach und wurde an seinen drei offenen Seiten mit einem kunstvollen Eisengerüst versehen und verglast. Was an technischer Ausstattung fehlte, wurde durch gestalterische Raffinesse ausgeglichen wie zum Beispiel kunstvoll verzierte Brüstungen, Säulen und kühn geschwungene Treppengeländer.
Ende des 19. Jahrhunderts baute man immer häufiger überdachte Freisitze an die Villen an. Die anfangs noch offenen Seitenwände wurden später ebenfalls verglast. Da auch diese Freiplätze noch nicht beheizt wurden, hielt man die Tür zu den dahinterliegenden Wohnräumen geschlossen. Die Temperatur im Glasanbau glich der im Freien, der Aufenthalt in ihm war also nur bei milder Witterung möglich.
Bereits im 19. Jahrhundert wurden die Gerüste für Glasveranden und Wintergärten industriell serienmäßig hergestellt und von den Herstellern Baukastensysteme entwickelt, aus denen der Bauherr seinen Wünschen und Bedürfnissen entsprechend wählen konnte.
In Deutschland blieb der Wintergarten bis zum Ersten Weltkrieg populär. Mit einer neuen funktionellen Architektur Anfang des 20. Jahrhunderts kam der mit schnörkeligen Gußeisenprofilen gebaute Wintergarten aus der Mode. Der allgemeine Mangel in den Nachkriegs- und Notzeiten ließ dann den Wintergarten von der Wunschliste der Hausbesitzer und Bauherren verschwinden.

Diese verglaste Veranda aus den 20er Jahren zeigt das Dekor aus der Zeit.

Die Renaissance des Wintergartens

Erst vor etwa 15 Jahren entdeckte man die zusätzliche Wohnqualität, die ein Wintergarten bieten kann, wieder neu. Ausschlaggebend dafür waren pflegeleichte Konstruktionen und moderne Eindeckungsverfahren. Auch die Technik der Verglasung hatte sich weiterentwickelt. Eine entscheidende Rolle spielte die Möglichkeit, durch Nutzung der Sonneneinstrahlung fossile Energie einzusparen. Beim heutigen Wintergarten steht die naturnahe Wohnraumerweiterung im Vordergrund. Die Ansprüche an die Möglichkeiten seiner Nutzung sind nicht auf den Winter beschränkt, sondern lassen ihn zum »Ganzjahresgarten« werden. Die Pflanzen dienen dabei vorwiegend der Dekoration, ihre Pflege soll möglichst »automatisch« erfolgen.

Der südwärts orientierte Wintergarten öffnet sich zu einem üppig blühenden Steingarten. Das Dach wird großflächig von Markisen bedeckt.

Der Standort

Die richtige Plazierung für den Wintergarten

Der Standort des Wintergartens hängt von der Größe des Grundstücks sowie Form und Ausrichtung des Hauses ab.
Nur selten wird der Bauherr die Freiheit haben, die Plazierung des Glasanbaus ausschließlich an der von ihm bevorzugten Himmelsrichtung orientieren zu können. In den meisten Fällen sind seine Möglichkeiten durch Bebauungspläne, Bauvorschriften und die vorhandene Bausubstanz beschränkt. Zu bedenken ist auch, daß auf einen Anbau aus Glas Sonnenwärme und Frost wesentlich intensiver einwirken als auf einen festen Bau. Dies muß ebenso in der Planungsphase bedacht und berücksichtigt werden, insbesondere dann, wenn das Klima des Wintergartens das Klima und die Energieversorgung des Wohnhauses beeinflussen soll.

Der leichte und transparente Glasanbau ermöglicht den nahezu nahtlosen Übergang vom Wohnbereich nach draußen.

Bei dem nachträglichen Anbau eines Wintergartens müssen häufig auch aus Platzgründen Kompromisse geschlossen werden.

Wo ist der günstigste Platz?

Die Wunschvorstellung der meisten Bauherren geht natürlich dahin, den Wintergarten dem Wohnzimmer, möglichst auf der Süd- und Sonnenseite anzufügen. In jedem Falle aber soll er den Wohnbereich des Hauses sinnvoll und harmonisch erweitern. Dies läßt sich relativ problemlos lösen, wenn der Wintergarten im Zuge eines Hausneubaus eingeplant ist. Bei einem nachträglichen Anbau – was meist der Fall ist – sind die Möglichkeiten der günstigsten Platzwahl deutlich eingeschränkt, hier müssen Kompromisse geschlossen werden. Läßt sich die Ideallösung nicht verwirklichen, so bietet ein Anbau auf der Südost- oder Südwestseite immer noch gute Nutzungsmöglichkeiten, zum Beispiel ein Frühstücksraum im Osten mit Sonne am Morgen oder eine Erweiterung des Arbeitszimmers im Westen mit Sonne am Abend.

»Sonnenofen« an der Südseite

Soll der Wintergarten vorrangig der Einsparung fossiler Energie durch die Nutzung von Solarenergie dienen, so ist dies natürlich mit dem Anbau an der Südseite am besten gewährleistet. Wird die Sonneneinstrahlung nicht durch Nachbarhäuser oder hohe Bäume beeinträchtigt, kann der Glasanbau den ganzen Tag über bestrahlt werden.

Auch in der lichtarmen Zeit im Herbst, Winter und Frühjahr wird sich der hinter dem Wintergarten gelegene Wohnraum angenehm erwärmen. Um die Vorteile der Wärmespeicherung vollends zu nutzen, empfiehlt es sich, den Glasgarten nach dem Sonnenlauf auszurichten – also nach Süden, mit möglichen Abweichungen nach Osten oder Westen von etwa 30 Grad.

Für den Standort ist ausschlaggebend, wie der Wintergarten genutzt werden soll.

Ist ebenerdig kein Platz, lassen sich Wintergärten auch auf Flachdächer setzen oder in das Dach einbinden.

Ein Südanbau macht allerdings, vor allem im Sommer, Schattierungs- und Lüftungsmaßnahmen erforderlich, da der Glasbau bei voller Sonneneinstrahlung soviel Wärme speichert, daß ein Aufenthalt unerträglich würde. Dies gilt ganz besonders für die Pflanzen, da im Sommer schnell 50 °C unter dem Glasdach erreicht werden.

Klimapuffer an der Nordseite

Selbst wenn man den Wintergarten als Wohnraumerweiterung nach Norden orientieren muß, weil es die Lage des Hauses nicht anders zuläßt, so bietet die Nordseite doch alle Vorteile des lichten Schattens. Es wird hier nie zu heiß, und der Raum läßt sich zum Beispiel als Atelier und Studio nutzen. Da im Winter die kalten Winde meist von Nordosten und Osten wehen, kühlen sie die sonnenarmen Hauswände zusätzlich ab. Der Glasgarten auf der Nordseite verhindert, daß die Nordwand des Hauses direkt den kalten Außentemperaturen ausgesetzt ist. Da sich die Luft im Wintergarten auch bei diffusem Licht erwärmt, bildet sich zudem hier ein Wärmepolster für das Wohnhaus.

Oben: Der Glasanbau auf der Giebelseite setzt die Dachlinie des Hauses harmonisch fort. Unten: Häufig dient der Glasanbau zur Überdachung einer Terrasse.

Früh- und Abendsonne im Osten oder Westen

In einem nach Osten oder Westen ausgerichteten Wintergarten herrscht ein ausgeglichenes Klima. Der Ost-Wintergarten eignet sich für Frühaufsteher als sonniger Arbeitsraum oder aber als Frühstücksecke. Im West-Wintergarten sorgt die Abendsonne auch an kühleren Tagen noch für eine angenehme Temperatur.

Links: Mit einem zweigeschossigen Glasanbau läßt sich ein hoher Gewinn an Solarenergie erzielen. Wohnraumerweiterung durch Nutzung des Garagenflachdachs.

Rechts: Der über Eck angefügte Glasanbau bietet viel Raum und fängt reichlich Sonnenwärme auf. Der Winkel zwischen beiden Hausflügeln oder die Verbindung zur Garage lassen sich zum überdachten Freisitz gestalten. Die Überdachung des zurückgesetzten Eingangsbereiches wirkt als Wetterschutz und Klimapuffer zugleich.

Durch die vielen Glasflächen wirkt das Haus bereits selbst sehr transparent, der Glasanbau wurde von Beginn an integriert.

Möglichkeiten des Glasanbaus

Die einfachste und auch gängigste Möglichkeit für einen Wintergarten ist die Überbauung einer an das Haus angrenzenden Terrasse. Bei einem zweigeschossigen Haus läßt sich der Anbau auch nach oben ziehen und ein Balkon integrieren. Damit wird eine Wohnraumerweiterung auf zwei Ebenen erreicht. Bei Winkelhäusern kann der Winkel durch einen Glasanbau überdacht und – unabhängig von der Witterung – bewohnbar gemacht werden. Auch als lichter, wohnlich ausgestatteter Verbindungstrakt zwischen Haus und Garage ist ein Glasanbau denkbar. Bei Wintergärten auf »höherer« Ebene, die in das Dach eingebunden oder auf ein Flachdach gesetzt sind, lassen sich die Ansprüche an Helligkeit, Wohnlichkeit und Gedeihen der Bepflanzung häufig besser umsetzen als an einer ungünstigen ebenerdigen Lage. Der Glasanbau im Eingangsbereich bietet einen optimalen Wetterschutz, der Wind, Regen, Schnee und Kälte abhält.

Rücksicht auf die Nachbarn

Bei allen Planungen müssen in jedem Fall die Interessen der direkten Nachbarn berücksichtigt und mit ihnen abgesprochen werden. Insbesondere dann, wenn der Wintergarten an einer Doppelhaushälfte oder einem Reihenhaus angebaut werden soll.

Wäre möglicherweise dem Nachbar die freie Sicht verbaut? Wird das Sonnenlicht für ihn beschränkt? Fühlt er sich durch den Anbau in seinem Wohnbereich eingeengt? Diese Fragen und Überlegungen sollten eingehend mit dem Nachbarn abgestimmt werden, damit es später nicht zu langfristigen und belastenden Streitigkeiten kommt, die die Freude am Wintergarten erheblich dämpfen können.

Neubau oder Anbau, Wohn-Wintergarten oder Pflanzenquartier, diese Überlegungen stehen am Beginn der Planung und müssen eingehend geprüft werden.

Vorüberlegungen und Planung

Welche Fragen müssen vor Baubeginn geklärt werden?

Mit dem Bau des Eigenheims geht für viele Menschen ein Traum in Erfüllung. Ganz persönliche Wohnvorstellungen lassen sich endlich realisieren und sind eingebettet in eine Architektur, an deren Planung man selbst mitwirken kann. Ein Wintergarten steht immer häufiger auf der Wunschliste der Bauherren, denn der transparente Raum aus Glas prägt die Gesamterscheinung des Hauses und hebt die Wohnqualität der Innenräume. In der Fassade rückt die Glaskonstruktion ins Blickfeld, der Materialkontrast belebt das ganze Gebäude. Im Hausinneren kann man je nach Laune von in sich geschlossenen Räumen in einen offenen, naturnahen Bereich wechseln. Wie eng diese Wechselbeziehung sein soll, hängt von verschiedenen Faktoren ab und bedarf einer umfassenden Planung.

Im Rahmen eines Neubaus läßt sich der Wintergarten weitestgehend nach den Wünschen und Vorstellungen des Bauherrn planen.

Zwischen Haus und Glasanbau entsteht kein Bruch, wenn dieser von Beginn an integriert wurde.

Zu Beginn muß eine Reihe von Fragen gestellt und abgeklärt werden.

- Ist der Wintergarten im Rahmen eines Neubaus oder als nachträglicher Anbau geplant?
- Welche architektonischen Vorstellungen hat der Bauherr?
- Lassen sich diese überhaupt realisieren oder werden sie durch baurechtliche Auflagen, nachbarschaftliche Interessen oder die Konstruktion des Hauses beschränkt?
- Steht das architektonische Element, das sich durch eine Glaskonstruktion am vorhandenen Bauwerk ergibt, im Vordergrund?
- Ist die Erweiterung des Wohnraums vorrangig?
- Will man vorrangig als Pflanzenliebhaber seinem Hobby Raum verschaffen?
- Soll Energie – durch Nutzung der Sonnenstrahlung – eingespart werden?

Neubau oder Anbau?

Die »maßgeschneiderte« Lösung im Rahmen eines Neubaus hat immer Vorteile gegenüber dem späteren Anbau. Es sind nicht nur ästhetische, sondern auch technische Gesichtspunkte, die hier entscheidend sind. Wird der Wintergarten von Beginn an ins Haus integriert, wirkt der Bau insgesamt geschlossen. Zwischen Glasanbau und Haus ergibt sich kein Bruch. Auch die Nutzung der Sonnenenergie kann konsequenter geplant werden, als bei einem nachträglichen Anbau. Wenn auch die Baukosten zunächst höher sind, so ist doch zu bedenken, daß der spätere Anbau eines Wintergartens erheblich kostenaufwendiger ist.
Die meisten Wintergärten in den letzten Jahren wurden jedoch an vorhandene, zum Teil alte Häuser angebaut. Bei der architektonischen Eingliederung bieten sich verschiedene Möglichkeiten an. So kann der Glasanbau beispielsweise das Zentrum eines Hauses hervorheben, sich aber auch wie ein Gürtel um das Anwesen legen und optisch einen Übergangsbereich in die freie Natur schaffen. Die Glaskonstruktion läßt sich auch über ein oder zwei Geschosse ziehen. Dann ist noch Platz für eine Treppe, was wiederum die Verbindung zwischen den Stockwerken fließender gestaltet und dem heute so beliebten offenen Wohnen eine dritte Dimension eröffnet.

Der kühle Wintergarten

Der Wintergarten in seiner ursprünglichen Konzeption als Gartenzimmer bzw. Pflanzenquartier in der kalten Jahreszeit oder aber als Energiesparer ist ein Übergangsbereich, eine unbeheizte Pufferzone zwischen Wohnhaus und Außenwelt. In der kalten Jahreszeit eignet er sich also nur bei intensiver Sonneneinstrahlung zur Mittagszeit zum Aufenthalt. Um Wärmeverluste aus dem Wohnbereich zu vermeiden, muß der Glasgarten mit Türen von diesem abgetrennt werden können. Die im Wintergarten untergebrachten Pflanzen sind durch eine Isolierverglasung vor Frost zu schützen.

Manchmal kann der nachträgliche Anbau das Erscheinungsbild eines wenig attraktiven Hauses auch verbessern.

Mit einer guten Wärmeschutzverglasung wird aus dem Übergangsbereich eine Energiesparzone. Glas fängt die kurzwelligen Sonnenstrahlen auf, diese werden durch den Fußboden und die Wände in langwellige Wärmestrahlung umgewandelt. Vor allem im Herbst oder Frühjahr wird die kostenlose Wärme bei geöffneten Wintergartentüren in die Wohnräume dahinter abgegeben. Deren Heizenergiebedarf läßt sich somit senken.

Der Wohn-Wintergarten

Wem es in erster Linie darum geht, die Wohnqualität durch Abwechslung zu erhöhen und das ganze Jahr über die heitere Stimmung eines durchsonnten vollwertigen und beheizten Wohnraums zu genießen, der wird sich einen Wohn-Wintergarten zulegen. Dieser geht in der Regel offen in die übrigen Wohnräume über. Als Aufenthaltsraum, der Platz für eine Sitzgruppe oder Eßtischgarnitur sowie mehrere Pflanztröge bietet, muß seine Grundfläche mindestens 15 qm umfassen, jeder zusätzliche Quadratmeter erhöht seinen Wohnwert.

Was ist baurechtlich zu beachten?

Jeder Anbau, also auch der eines Wintergartens ist genehmigungspflichtig. Es gibt keine allgemein gültige Regelung zur Baugenehmigung. Als formal verbindlich gilt die jeweilige Landesbauordnung mit ihren speziellen Auflagen wie Nachweise der Bauvorlageberechtigung und der Standsicherheit (durch den Architekten bzw. Statiker) sowie Einhaltung der Brandschutzbestimmungen und Wärmeschutzverordnung. Auch der örtliche Bebauungsplan hat Einfluß auf das Bauvorhaben. Er regelt u.a. die Bebaubarkeit des Grundstücks, was wiederum die Abmessungen des Wintergartens bestimmen kann. Bei Grenzbebauung (Abstand zum Nachbarhaus geringer als 3 m) ist die schriftliche Zustimmung des Nachbarn erforderlich. In der Regel bereitet der Architekt bzw. Bauträger den Bauantrag vor, der Bauherr unterschreibt. Der Antrag wird bei der »Unteren Bauaufsichtsbehörde« eingereicht, in einer Gemeinde, die keine eigene Bauaufsicht hat, gibt man ihn im Rathaus ab. Er wird dann nach Prüfung an die Bauaufsicht weitergeleitet, die Änderungen fordern, Bedingungen und Auflagen vermerken kann, die in jedem Fall eingehalten werden müssen. Vor Zustellung der Baugenehmigung darf mit den Bauarbeiten nicht begonnen werden. Seit 1994 ist eine neue Bauordnung in Kraft, derzufolge Wohnungsbauvorhaben unter bestimm-

ten Voraussetzungen in einem vereinfachten Genehmigungsverfahren zu prüfen sind. Die Entscheidung muß innerhalb von drei Monaten nach Eingang des Bauantrages getroffen werden. Die Baugenehmigung gilt als erteilt, wenn diese Frist verstrichen ist.
Der Bauherr kann sich aber viel Zeit sparen, wenn er zunächst eine unverbindliche Bauvoranfrage bei dem für ihn zuständigen Bauordnungsamt stellt. Dieses teilt ihm dann mit, inwieweit sich das Bauvorhaben realisieren läßt, worauf zu achten ist und welche Nachweise für den Bauantrag erbracht werden müssen,

Macht eine Konstruktion viele Sondermaße bei den Glasflächen erforderlich, erhöhen sich die Kosten.

Was kostet ein Wintergarten?

Um es von vorneherein klarzustellen: Das Wohnzimmer im Grünen hat seinen Preis, vor allem, wenn es nachträglich angebaut wird. Beim Material sollte man keinesfalls sparen.

tip *Der Rahmen, das Gerüst des Wintergartens muß nicht nur die Verglasung und andere konstruktive Teile tragen, sondern auch Wind- und Schneelast standhalten. Die statischen Berechnungen sind in bewohnten Wintergärten nach DIN 1055 vorzunehmen. Nur in reinen Gewächshäusern käme DIN 11535 zur Anwendung. Bei fertigen von Herstellern gelieferten Systemen werden in der Regel die Anforderungen an die Statik erfüllt. Beim Eigenbau sollte in jedem Fall ein Statiker hinzugezogen werden.*

Die Kostenberechnung geht von den Quadratmetern der Glasoberfläche, der sogenannten »Hüllfläche« aus. Darunter versteht man die Fläche der senkrechten Seitenwände und die des Dachs. Für einen Quadratmeter Hüllfläche sind heute – bei guter Qualität – DM 1500 bis DM 2000 anzusetzen. In diesem Preis inbegriffen sind Traggerüst, Wärmeschutzverglasung, Öffnungs- bzw. Lüftungsmöglichkeiten und Montage. Die Kosten erhöhen sich bei einer Konstruktion, die viele Sondermaße bei den Glasscheiben erfordert. Hinzu kommen die Kosten für das Fundament, für den Bodenbelag, die Heizung, die Beschattung und – wenn erwünscht – für eine automatische Klimaregulierung. Wird der Bau eines Wintergartens durch eine Fachfirma ausgeführt, ist diese bei der Kalkulation behilflich. Zudem stellt sie in der Regel einen Architekten, der für den Kunden kostengünstig den Bauantrag stellt und ihm auf diese Weise Zeit und Wege erspart.

tip *Nach der neuen Wohneigentumsförderung wird die Schaffung von neuem Wohnraum (u.a. auch Anbaumaßnahmen wie Wintergärten) mit einer progressionsunabhängigen Eigenheimzulage begünstigt. Diese Zulage wird allerdings nur für beheizbare Wintergärten gewährt. Das Finanzamt zahlt 8 Jahre lang einen Betrag in Höhe von 2,5 Prozent der Herstellungskosten, maximal in Höhe von DM 2500 jährlich. Je Kind kommen noch DM 1500 hinzu. Es lohnt sich, durch den Steuerberater oder das Finanzamt prüfen zu lassen, ob man diese Förderung in Anspruch nehmen kann.*

Nicht immer lassen sich alle Wünsche des Bauherrn verwirklichen.

Prüfen und vergleichen

All die vorab angesprochenen Planungsfaktoren müssen sorgfältig aufeinander abgestimmt sein, damit die Technik, Gestaltung und der Preis des Glasanbaus auch stimmen. Hat sich die Vorstellung des Wintergartens konkretisiert, läßt man sich von verschiedenen Herstellern ein kostenloses Angebot unterbreiten. In der Regel wird sich dann ein Außendienstmitarbeiter der jeweiligen Firma (bei einem unverbindlichen Besuch) einen Überblick vor Ort verschaffen. Oftmals lassen sich die Wünsche des Bauherrn nicht ohne weiteres umsetzen, da zum Beispiel die Form des Wohnhauses oder die Größe des Grundstücks Beschränkungen auferlegt. Der Bauherr sollte jedoch nicht gleich seine Vorstellungen über Bord werfen. Denn häufig reicht auch das Know-how eines Herstellers für etwas kompliziertere Konzepte nicht aus, und er empfiehlt deshalb eine schlichte Bauweise.

Gefällt dem Bauherrn ein besonderer Entwurf des Herstellers, kann er sich dazu die Pläne und Zeichnungen geben lassen. Der Hersteller verlangt dafür häufig eine Gebühr zwischen DM 200 und DM 1000. Bei Auftragserteilung wird diese mit der Auftragssumme verrechnet.
Abschließend ist zu sagen, daß man in jedem Fall nicht nur die Bilder und Preise in den Herstellerkatalogen studieren, sondern fertiggestellte Objekte des gewählten Herstellers anschauen sollte – bei privaten Bauherren oder auf einer Wintergartenausstellung.

Auftragserteilung und Vertragsschluß

Hat man alle wichtigen Informationen und entscheidenden Daten für den Bau seines Wintergartens zusammengetragen, ergeht – in der Regel – der Auftrag an einen Wintergartenhersteller. Bei Vertragsschluß ist unbedingt darauf zu achten, daß das gemeinsam festgelegte Konzept und evt. Sonderwünsche bzw. -vereinbarungen in den Vertrag mit aufgenommen werden.

Vor der Auftragsvergabe empfiehlt es sich, Wintergärten vor Ort anzuschauen.

Auf diese Weise lassen sich (in beiderseitigem Interesse) Fehler bei der Bauausführung und damit spätere Streitigkeiten vermeiden.
Was die Zahlungsvereinbarung betrifft, so ist die für den Bauherrn günstigste Lösung (geringes Risiko): Gesamtzahlung nach Bauabschluß. Besteht die Herstellerfirma jedoch auf einer gestaffelten Zahlung, sollte diese jeweils nach Fertigstellung bestimmter Bauabschnitte vereinbart werden.
Der Vermerk »Vorbehaltlich Baugenehmigung« sollte im Vertrag aufgenommen sein, für den Fall, daß der Bauantrag abgelehnt wird. Ebenfalls Vertragsbestandteil müssen eine detaillierte Auftragsbestätigung mit Auflistung aller vereinbarten Leistungen sowie ein möglichst genauer Terminplan sein.

Das Angebot an Glasbauten ist äußerst vielseitig. Für die Konstruktion und Eindeckung eines Wintergartens werden ganz unterschiedliche Systeme und Materialien angeboten.

Konstruktion und Materialien

Auswahl der Werkstoffe für den Wintergarten

Das Trägermaterial für Wintergärten ist erheblichen Belastungen ausgesetzt. Auf Konstruktion und Glas-Eindeckung wirken regelrechte »Wechselbäder« ein: im Inneren Wärme, von außen Kälte und Hitze, Regen, Wind und Schnee, ja Hagel. Bei intensiver Sonneneinstrahlung kann die Glasfläche des Wintergartens eine Temperatur von bis zu + 70 °C erreichen, bei Frost auf – 25 °C und darunter absinken. Die Konstruktion ist das Gerüst, das all diesen einwirkenden Kräften standhalten muß. Bei der Wahl der Werkstoffe für den Wintergarten sollte deshalb nicht nur nach persönlichen Vorlieben und individuellem Geschmack, sondern neben optischen vor allem auch nach technischen sowie praktischen Gesichtspunkten entschieden werden.

Vor jeder Kaufentscheidung sollte sich der Bauherr eingehend über die wichtigsten Kriterien der Materialauswahl informieren.

Bei mindestens 4 m Raumhöhe staut sich im Sommer die warme Luft unter dem Glasdach nicht allzusehr.

Das Tragwerk

Konstruktionen aus feuerverzinkten Stahlelementen mit Einfachverglasung wirken filigran und nehmen wenig Licht weg. Sie sind jedoch nicht wärmegedämmt, es kann sich Schwitzwasser bilden.
Holzkonstruktionen mit Isolierverglasung und Aluminium-Abdeckprofilen sind vor allem für den Wohn-Wintergarten geeignet. Sie besitzen eine gute Wärmedämmung. Allerdings reduziert sich der Lichteinfall durch breite Holzquerschnitte etwas.
Wärmegedämmte Aluminiumkonstruktionen mit Isolierverglasung haben eine ausgezeichnete Wärmedämmung, es kommt kaum zu Schwitzwasserbildung. Sie sind jedoch teuer.

Stahl

Im beginnenden Industriezeitalter war Stahl der Werkstoff, der Architekten und Ingenieure zur Verwirklichung kühnster Pläne verhalf und auch die Ära des Wintergartenbaus einleitete. Damals wurden die meisten Wintergärten aus Stahl und Gußeisen gebaut. Da sich mit Stahl auch bei relativ geringen Profilstärken große Spannweiten überbrücken lassen, zeichneten sich diese Glasbauten durch eine filigrane Bauweise aus. Die Zeugen dieser Glasarchitektur mit oft gigantischen Dimensionen erregen bis in die Gegenwart große Bewunderung, vor allem auch wegen ihrer Haltbarkeit. Heute spielen Stahlkonstruktionen keine so bedeutende Rolle mehr, denn die Nachteile sind nicht von der Hand zu weisen.
Stahlkonstruktionen sind schwer und erfordern ein entsprechend tragfähiges Fundament. Zudem müssen sie mit einem korrosionsschützenden Anstrich versehen werden. Die klassische Stahlkonstruktion besteht aus feuerverzinkten, genormten Teilen. Da Stahl eine hohe Wärmeleitfähigkeit besitzt, eignen sich nur Profile mit eingebauter Wärmedämmung. Erwärmte Stahlkonstruktionen geben Wärme an die Umgebung ab und können den Wintergarten zusätzlich zur Sonne aufheizen.

Holz

Holz ist seit jeher ein vertrauter Baustoff, auch im Wintergartenbau wird er seit Jahr und Tag eingesetzt. Seine warme Optik und behagliche Ausstrahlung ist mit keinem anderen Werkstoff zu erreichen. Um dieses lebendige Material zu erhalten, bedarf es jedoch, selbst beim Einsatz widerstandsfähiger und hochwertiger Hölzer, beständiger Wartung und Pflege. Es muß in regelmäßigen Abständen (etwa alle 3 bis 5 Jahre) nachgestrichen bzw. behandelt werden. In Frage kommen nur Hölzer, die größere Temperaturschwankungen verkraften, ohne sich zu dehnen oder zu schrumpfen. Obwohl tropische Hölzer sehr robust sind, werden sie heute nur noch von sehr wenigen Herstellern angeboten. Es ist auch kaum zu vertreten, wenn für höheren Wohnkomfort in unseren Breiten weiterhin rücksichtslos die Wälder in den Tropen abgeholzt werden.
Bei Wintergärten finden vorwiegend Stützen, Sparren, Pfetten aus Holz-

Hier können sich auch große Kübelpflanzen zu voller Höhe auswachsen.

leimbindern Verwendung, bei Isolierverglasung häufig in Verbindung mit Aluminium als Dachabdeckung. Leimholz besteht in der Regel aus wetterfesten, miteinander verleimten Brettlamellen aus Fichtenholz. Meist von allen Seiten gehobelt und mit einer Grundimprägnierung behandelt sind sie langfristig gegen Schwamm und Fäulnis geschützt. Daneben wird aber auch druckimprägniertes Holz von langsam wachsenden Kiefern verwendet. Holz braucht nicht thermisch gedämmt zu werden, da seine Wärmeleitfähigkeit gering ist. Das Profil muß so geformt sein, daß an der Außenseite des Glasbaus Regenwasser rasch abgeführt wird. Auch an der Innenseite herablaufendes Schwitzwasser ist vollständig und direkt nach außen abzuleiten, damit es nicht in das Holz eindringen und dieses zerstören kann. In der Gestaltung und Konstruktion ergeben sich bei Holz allerdings Einschränkungen. Wegen der im Vergleich zu Metall wesentlich geringeren Materialfestigkeit sind größere Profilquerschnitte mit massiv wirkenden Verbindungen erforderlich. Dadurch wird der Lichteinfall begrenzt. Die Konstruktion bzw. Gestaltung filigraner Wintergärten mit Holz ist daher kaum möglich. Grundsätzlich abzuraten ist von Vollholzdächern, denn vor allem in den Eckverbindungen, die extremen Temperaturschwankungen und der Feuchtigkeit ausgesetzt sind, bilden sich schnell Risse und Verspannungen, in deren Folge Feuchtigkeit eindringt.

Aluminium

Kaum ein anderer Werkstoff hat die Entwicklung der Technik und die Architektur der Gegenwart so entscheidend beeinflußt. Grund dafür sind seine vielfältigen Verwendungsmöglichkeiten und seine nahezu unbegrenzte Haltbarkeit. Bei den modernen Glasanbauten und Wintergärten ist Aluminium das am häufigsten eingesetzte Material.
Aluminiumprofile lassen sich relativ leicht verarbeiten, mit ihnen ist es möglich, relativ freitragende Konstruktionen zu verwirklichen. Wie verzinkter Stahl rosten sie nicht, durch Oxidation bilden sie eine natürliche Deckschicht, die jedoch bald fleckig wird. Deshalb empfehlen sich Farbeloxierungen. Man hat die Wahl zwischen weiß und braun, elektrostatisch mit Polyesterpulver beschichtet und eingebrannt. Pulverbeschichtetes Material wird vom Regen nicht angegriffen. Lackierte oder pulverbeschichtete Aluminiumkonstruktionen sind bei den Herstellern in allen RAL-Farben erhältlich.

Speziell geformte Profile

In den Katalogen der Wintergartenhersteller zeigen die Querschnitte der Leichtmetallprofile bei den meisten Systemen kompliziert zusammengesetzte Formen. Durch Mehrfachabkantungen oder rechtwinklig gegeneinander gesetzte Flächen hält das Profil innerhalb der Konstruktion millimetergenau seine Position. Denn auch Aluminium reagiert auf Temperaturschwankungen und dehnt sich oder zieht sich zusammen. Durch möglichst klein angelegte Flächen läßt sich diese Materialveränderung deutlich verringern.
Aluminiumbauteile werden meist als thermisch getrennte Profile mit wärmedämmender Einlage hergestellt. Das hinter der Verglasung

liegende Profil nimmt Raumtemperatur an und behält sie bei einer kalten Außentemperatur bei.

Kunststoff

Wenn Kunststoff auch in den letzten Jahren viele technische Verbesserungen erfahren hat, so eignet er sich nach Meinung vieler Fachleute für die Rahmenkonstruktion eines Wintergartens kaum. Von Vorteil ist der eindeutig günstigere Preis im Vergleich zu Aluminium- und Holzkonstruktionen. Ein gravierender Nachteil ist die schlechte Wärmeleitfähigkeit von Kunststoff. Da Kunststoffkonstruktionen ganz oder teilweise im Inneren mit Stahl verstärkt werden müssen, führen durch Wärmeeinfluß verursachte unterschiedliche Längendehnungen von Stahl und Kunststoff zu Verspannungen, in deren Folge Undichtigkeiten auftreten können. Zudem ist kein Kunststoff farbecht, die Farben verlieren im Laufe der Zeit ihre Intensität und bekommen einen Grauschimmer.

Der doppelgeschossige Glasanbau schafft Wohnraumerweiterung auf zwei Ebenen.

Die Verglasung

Die Art der Verglasung entscheidet über die Nutzung des Wintergartens – vom bloßen Pflanzenquartier bis zum vollwertigen Wohnraum. Unterschiedliche Funktionen wie Wärmedämmung, Lichtdurchlässigkeit, Sonnenschutz, aber auch Bruchsicherheit und Schallschutz lassen sich kombinieren. Über die Wintertauglichkeit des Glasanbaus entscheiden energiesparende Gläser mit ihrer Sonnenkollektorfunktion in Verbindung mit thermisch gedämmten Tragwerkkonstruktionen. Die Einfachverglasung gehört grundsätzlich der Vergangenheit an. Nur ein Glasanbau mit geringer Beheizung, der frostfrei gehalten und lediglich als Winterquartier für Kübelpflanzen genutzt wird, kann ohne weiteres mit

Wintergarten-Querschnitt

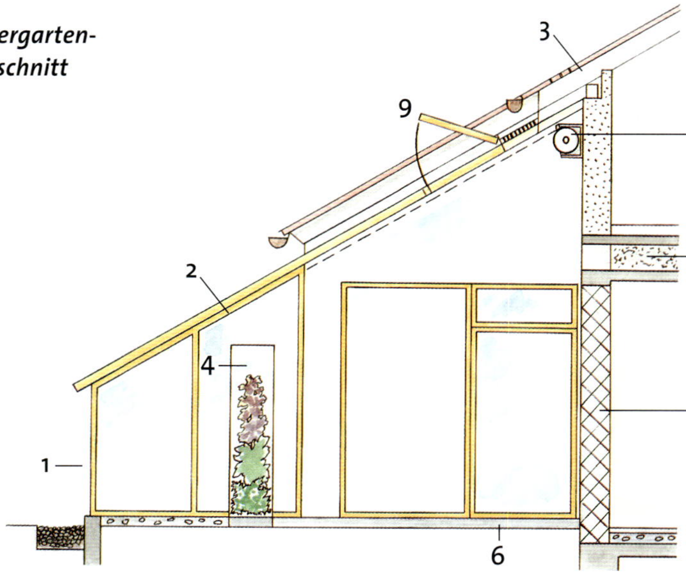

1 *Isolierverglasung,* **2** *Dachverglasung,* **3** *Schneefanggitter,* **4** *Pflanzenaquarium,* **5** *Rolladen,* **6** *dunkler Bodenbelag,* **7** *Steinspeicher,* **8** *Trombwand,* **9** *Lüftung*

tip *Der Wärmedurchgang von Bauteilen wird meist mit dem Wärmedurchgangskoeffizienten k (Wärmedurchgangswert, Wärmedurchgangszahl) angegeben. Der k-Wert zeigt an, wie groß die Wärmeleistung (auch Wärmefluß, gemessen in Watt) ist, die durch 1 qm Bauteilfläche bei einer Lufttemperaturdifferenz zwischen beiden Außenflächen von 1 K (= 1 °C) hindurchgeht. Ist der k-Wert eines Bauteils bekannt, läßt sich die hindurchfließende Wärmemenge, bei Kenntnis der Bauteilfläche und der tatsächlichen Lufttemperatur berechnen. Je niedriger der k-Wert, desto höher die Dämmwirkung.*

In der kühlen Jahreszeit sorgt in diesem Wintergarten der Kamin für die notwendige Wärme.

einfachem Isolierglas ausgestattet werden. Dagegen werden beim Wohn-Wintergarten schon seitens behördlicher Auflagen besondere Ansprüche an die Verglasung gestellt. Je höher der thermische Komfort sein soll, desto größer muß der Wärmeschutz bei möglichst kleinem k-Wert sein. Hier ist ein Wärmeschutzglas unerläßlich.
Für das Wintergartendach wird heute die Verwendung von Sicherheitsglas (vorzugsweise dickes Verbundglas) vorgeschrieben.
Da es eine große Palette von Multi-Funktionsgläsern gibt (zum Beispiel Schall- und Einbruchschutz), empfiehlt es sich, den Rat des Fachmanns einzuholen. Auch die Spezialprospekte der Glasindustrie geben hier detailliert Auskunft.

Isolierglas

Es basiert mindestens auf einer Doppelverglasung, mit der sich, je nach System, auf die Fläche bezogen bis zu 40 Prozent Energie einsparen lassen. Mehrscheiben-Isolierglas besteht aus mehreren, an den Rändern fest verbundenen Scheiben. Die Zwischenräume sind mit Luft gefüllt. Varianten sind u.a. Isolierglas mit innerer Verbund-Sicherheitsscheibe oder Doppelverglasungen aus 4 mm Sicherheitsglas mit 12 mm Luftpolster.

Wärmeschutzglas

Es besteht aus zwei Scheiben, deren Zwischenraum mit einem Edelgas gefüllt ist. Die Scheibe zum Raum hin ist zudem innen mit einer unsichtbaren Edelmetallschicht – der Wärmefunktionsschicht – bedampft. Sie reflektiert die Sonneneinstrahlung zusätzlich nach innen, wirkt also wie ein Sonnenkollektor und verbessert die Wärmedämmung gegenüber herkömmlichem Isolierglas um über 60 Prozent. Wärmeschutzglas hält nicht nur teure Heizungswärme im Raum, sondern ermöglicht auch die Nutzung der einfallenden Sonnenstrahlen. Auf diese Weise wird kostenlose Energie hinzugewonnen.

tip *Für die Verglasung sind die Bauvorschriften von Bundesland zu Bundesland unterschiedlich. Je nach gewählter Glasart sind hinsichtlich der Gewichtsbelastungen bestimmte Materialspannungen einzuhalten. Auch der Rahmen darf sich nur in bestimmten Grenzen durchbiegen.*

Sonnenschutzglas

Dieses Spezialglas schützt vor Wärmeverlusten und sorgt gleichzeitig für die Schattierung. Von außen betrachtet spiegelt es sehr stark. Es wird ebenfalls mit Edelmetall beschichtet und ist häufig zusätzlich eingefärbt. Dadurch gelangt nur etwa ein Drittel der Sonnenstrahlung durchs Glas. Für Wintergärten ist Sonnenschutzglas nicht geeignet, lichthungrige Pflanzen könnten dahinter verkümmern. Ausnahme ist eine Dachverglasung bei südlicher Ausrichtung des Wintergartens.

Sicherheitsglas

Bei Gewalteinwirkung zersplittert dieses Spezialglas nicht, sondern springt nur oder zerfällt in stumpfe Krümel. Das für Wintergartendächer vorgeschriebene Verbund-Sicherheitsglas besteht aus zwei oder mehreren Scheiben, die durch elastische, wasserhelle Kunstharzzwischenschichten zusammengeklebt sind. Bei Zerstörung der Scheibe haften die Bruchstücke fest an den Zwischenschichten, es entstehen nur Sprünge.

Ein Bodenbelag aus Klinkerplatten eignet sich optimal für den dicht bepflanzten Wintergarten.

Geeignete Bodenbeläge

Als funktionelles wie auch optisches Gestaltungselement kommt dem Bodenbelag im Wintergarten eine besondere Bedeutung zu. Durch Form, Art und Struktur kann darauf eingewirkt werden, ob der Raum behaglich, groß oder klein, hell oder dunkel erscheint. Eine optimale optische Wirkung wird natürlich dann erreicht, wenn der Boden mit einem natürlichen Material ausgelegt wird wie Stein, Ziegel, Terrakotta oder Holz. Es ist auch darauf zu achten, ob der Bodenbelag des Wintergartens aus dem gleichen Material sein soll, wie der des dahinterliegenden Wohnraumes. Er könnte aber auch direkt den Übergang nach draußen auf die Terrasse bilden. Am besten eignen sich Bodenbeläge, die widerstandsfähig gegen Feuchtigkeit und Temperaturunterschiede sind.
Kleine Wintergärten lassen sich durch helle, großformatige Beläge optisch vergrößern. Dunkle Bodenbeläge absorbieren viel Licht, verleihen dem Raum jedoch ein gemütliches Flair. Zudem können sie viel eingestrahlte Sonnenwärme einfangen und auch wieder abgeben. Helle Beläge haben einen höheren Reinigungsaufwand. Glasierte Fliesen lassen sich leichter säubern, sind jedoch nicht so rutschfest wie unglasierte Flächen.

Kunststeinplatten

Sie sind, ebenso wie Betonsteinplatten, unglasierte Ziegel und Steinfliesen sowie Keramikplatten sehr haltbar und wirken eher glatt. Ein Vorteil sind die vielen, preiswert verfügbaren Maße und Farben.

Klinkerplatten

Je nach Herstellungsverfahren sind sie braun bis rot, 1,5 bis 3 cm dick und haben eine besonders geglättete Oberfläche. Sie sind widerstandsfähig, trittfest sowie pflegeleicht und werden heute auch für Wohnräume gerne als Bodenbelag verwendet. Grobklinkerplatten sind an der Oberfläche uneben und farblich sehr unterschiedlich strukturiert. Sie eignen sich für Räume, die rustikal wirken sollen. Feinklinkerplatten haben einen gleichmäßigen Farbton, sind völlig glatt und halten absolut Maß.

Natursteinplatten

Sie zeichnen sich ebenfalls durch eine gute Haltbarkeit aus, sind allerdings teurer als Kunststeinplatten. Da sie keine völlig glatte Oberfläche haben, müssen sie gut verfugt werden, um eine geschlossene Fläche zu bilden. Flecken, auch Wasserflecken sind sofort zu beseitigen, denn Fett und alles andere zieht sehr schnell ein und ist dann nicht mehr oder nur sehr aufwendig zu entfernen.

Terrakottafliesen

Sie werden wie Ziegel aus Ton hergestellt, sind porös und nicht frostfest. Ihren besonderen Reiz machen die warmen, gedämpften und oft ungleichmäßigen Farben aus. Terrakottafliesen werden in verschiedenen Formen angeboten, zum Beispiel einfache Quadrate oder Sechsecke, mit denen sich ein mosaikartiger Bodenbelag herstellen läßt.

Holzpflaster

Man kann es anstelle von Parkett in Innenräumen, die intensiv genutzt werden, verwenden. Holzpflaster besteht aus 3 bis 8 cm dicken Vierkant-

klötzen, die so verlegt werden, daß das Hirnholz (also die Jahresringe) zu sehen ist. Es wird abgeschliffen, anschließend versiegelt oder mit Heißwachs behandelt. Als Holzarten eignen sich Kiefer, Lärche, Fichte und Eiche. Die Vorteile eines Holzpflasters sind eine gute Wärme- und Trittschalldämmung, nachteilig ist der hohe Pflegeaufwand.

Türen

In der Regel ist ein Wintergarten durch zwei Türen zugängig, einmal von den dahinterliegenden Wohnräumen und einmal vom Garten aus. Schiebeelemente sind platzsparend,

Mit Falttüren läßt sich der Wintergarten großflächig nach außen hin öffnen.

dichten allerdings nicht besonders gut gegen Geräusche und Gerüche ab. Es ist also darauf zu achten, daß sie absolut gut dicht schließen. Bei Türen mit thermischer Trennung haben die jeweiligen Außenseiten keine wärmeleitende Verbindung. Sie sind ausgeschäumt.
Falttüren ermöglichen es, einen Raum großflächig zu öffnen, sie eignen sich zum Beispiel an der Außenseite des Glasbaus zum Garten hin. Das ist auch dann eine optimale Lösung, wenn der Wintergarten als überbaute Terrasse angelegt wird. Durch weit geöffnete Falttüren wird er so in einen überdachten Freisitz verwandelt. Wichtig ist, daß gut funktionierende Rollenführungen das einwandfreie Öffnen und Schließen gewährleisten und für optimale Abdichtung gesorgt wird.

tip *Auch bei Wintergartentüren ist darauf zu achten, daß sie für alte oder behinderte Menschen (Rollstuhl!) kein Problem darstellen und ausreichend breit angelegt werden. Ebenso sollten erhöhte Türschwellen vermieden werden, es sei denn, daß eine höherliegende Schwelle einfließendes Regenwasser abhalten würde.*

Das große und vielfältige Angebot der Wintergartenhersteller macht es möglich, daß sich individuelle Vorstellungen und Wünsche weitgehend verwirklichen lassen.

Glasanbau nach Maß

Praktische Hinweise zu Bau und Ausstattung

Auch wenn mit dem Wintergartenbau ein Hersteller beauftragt wird, sollte vorab der Rat eines Architekten eingeholt werden.

Auch für den nachträglich angebauten Wintergarten muß die Entscheidung getroffen werden zwischen »Maßanfertigung oder Konfektion«, d.h. individuelle Planung durch einen Architekten, die Beauftragung einer Herstellerfirma oder vielleicht sogar die Erstellung des Glasanbaus durch den Bauherrn selbst mittels Fertig-Bausätzen. Letzteres kommt dann in Frage, wenn der Bauherr eine möglichst kostengünstige Lösung sucht. Die Vorteile hierfür liegen auf der Hand. Der Selbstbau spart teure Lohnkosten für die Monteure einer Firma oder Handwerker. Zudem ist der Bausatz »von der Stange« preiswert. Von Nachteil ist, daß dieser häufig nicht die Gegebenheiten vor Ort berücksichtigt.
Komplette Bausätze werden von den Firmen einschließlich aller erforderlichen Materialien, Montageanleitungen sowie der Unterlagen für das Bauamt geliefert. Besondere Berechnungen für Statik, Wärme- und Brandschutz, Schneebelastbarkeit und Klimaführung entfallen, wenn die Bausätze die erforderlichen Nachweise mitbringen. Meist haben Hersteller, die Wintergarten-Bausätze liefern, auch Kleingewächshäuser im Programm und versenden diese in Bausätzen.

Grundvoraussetzung beim Wintergarten-Selbstbau sind fundierte Kenntnisse von Statik und Bauausführung.

Keine Anleitung für Heimwerker

Grundsätzlich kann man seinen Wintergarten selbst planen und bauen. Die wichtigsten Faktoren, die für das Funktionieren eines Wintergartens unerläßlich sind, werden in diesem Buch angesprochen. Jedoch würden detaillierte Beschreibungen der einzelnen Arbeitsgänge und Anleitungen den Rahmen dieses Buches bei weitem sprengen sowie kaum zum erwünschten Ziel führen, wenn der Bauherr nicht über die entsprechenden Fachkenntnisse und handwerklichen Fähigkeiten verfügt. Eine genaue Kenntnis von Statik und Bauausführung wäre Grundvoraussetzung. Zudem dürfte es für den Heimwerker schwierig sein, alle speziellen Materialien, die für einen Wintergartenbau nötig sind, problemlos zu beschaffen. So sind Vierkanthölzer, die man nahezu in jedem Baumarkt bekommt, noch nicht die Profile, die das Tragwerk eines Glasanbaus erfordern wie zum Beispiel die Metall- oder Kunststoffprofile der Hersteller. Sie müssen verwindungsfest und witterungsbeständig sein und verhindern, daß Regenwasser eindringen kann. Diese ganz speziellen Ansprüche an die Konstruktionsmaterialien machen deutlich, daß der Wintergarten-Selbstbau problematisch ist und durch Fehler bei der Ausführung unter Umständen sehr teuer werden kann.

Ein großes Angebot an Systemen

Wer sich für eine in Serie hergestellte Wintergartenkonstruktion entscheidet, muß das breite Angebot der Herstellerfirmen genau unter die Lupe nehmen. Die Konstruktionsmöglichkeiten und das Niveau der Ausstattung sind sehr unterschiedlich. Gründlich prüfen muß man auch das Tragwerk- und Verglasungsmaterial, kritische Details (Wandanschluß, Trauf- und Fußpunkt) sowie die Ausstattungsmöglichkeiten (Türen, Fenster, Lüftung, Klimasteuerung etc). Ein besonderes Augenmerk sollte auch dem angebotenen Design gelten, ob es zum Stil des vorhandenen Hauses paßt. Bei einer kleinen Lösung wie zum Beispiel die Überbauung einer Reihenhausterrasse mag vielleicht schon ein einfaches, serielles Rastersystem ausreichen. Dennoch ist es ratsam, selbst bei einem kleinen Anbau einen Architekten hinzuzuziehen. Gerade, wenn die Möglichkeiten beschränkt sind, kann er bei der Auswahl des passenden Systems Ideen und wertvolle Ratschläge einbringen. In jedem Falle sollte ein Architekt bei größeren Bauvorhaben in die Planungen mit dem Wintergartenhersteller einbezogen werden, insbesondere dann, wenn die Vorstellungen recht individuell sind. Hier sind Einsprüche und Änderungswünsche seitens der Baubehörde

Die Beschaffenheit des Baugrunds kann von einem Bodengutachter untersucht werden.

häufig vorprogrammiert. Ein – insbesondere im Wintergartenbau – versierter Architekt kann hier brauchbare Kompromisse ausarbeiten.
Eine Reihe von großen Wintergartenherstellern bietet eine »Planung durch den Computer« an. Den Firmenprospekten sind Pläne mit Entwurfsbeispielen beigefügt, mit dem Vermerk: »Vielfältige Gestaltungsmöglichkeiten, keine Standards, nur individiuelle Lösungen.« Auch wenn es sich dabei letztlich um »Konfektion« handelt, so ist es doch möglich, für jeden Kunden den Glasanbau nach Maß zu entwerfen.

Das Fundament

Benötigt der angebaute Wintergarten ein eigenes Fundament, so kann dies recht gut auch vom Bauherrn selbst gebaut werden. Die darauf ruhende Last macht eine Dimensionierung erforderlich, die vom Hersteller des Wintergartens errechnet wird. Die Konstruktion muß Stürmen standhalten und darf sich nach Frostperioden nicht verziehen. Ein sachgerecht ausgeführtes Fundament ist die Voraussetzung für die Standfestigkeit des Anbaus. Welches Fundament gebaut werden muß, hängt von der Größe des Anbaus, aber auch von der Beschaffenheit des Baugrunds ab. Diese kann von einem Bodengutachter untersucht werden. Nach seinen Angaben und den Plänen des Architekten oder des Herstellers errechnet der Statiker dann das Fundament. Je nach der Belastung und der Tragfähigkeit des Baugrundes können verschiedene Fundamente eingesetzt werden.
Grundvoraussetzung eines jeden Fundaments ist, daß es frostfrei gegründet ist, d.h. seine Unterkante muß im frostfreien Bereich liegen, damit es nicht auffriert. Wie tief gegraben werden muß, ist regional unterschiedlich, mindestens jedoch ist der Fundamentgraben 80 bis 120 cm tief auszuheben.

hinweis *Wer das Fundament selbst baut, muß ganz sicher sein, daß er auch in der Lage ist, eine in jeder Hinsicht einwandfreie Arbeit zu leisten. In der Regel laufen die Arbeiten in der Herstellerfirma zeitgleich mit den Fundamentarbeiten vor Ort. Geraten letztere in Verzug oder wurden nicht sachgemäß ausgeführt, kann es für den Bauherrn teuer werden. Für Schäden am Wintergarten, die sich aus den Eigenleistungen des Bauherrn ergeben, leistet der Hersteller keinen Ersatz. Er ist nach VOB nur zur Gewährleistung der von ihm ausgeführten Arbeiten verpflichtet und zwar innerhalb von zwei Jahren nach Ende der Bauarbeiten.*

Rahmen und Verglasung des Anbaus müssen zum einen fest, zum anderen weitgehend elastisch mit der Hauswand verbunden werden.

Als guter Baugrund gelten festgelagerter Sand, Kies, trockener Ton und Lehm, fester Mergel sowie Fels, der beim Aushub einige Schwierigkeiten bereiten kann. Von mittlerer Tragfähigkeit sind wasserhaltiger Lehm und Ton, ebenso Mischboden aus Sand, Lehm und Ton. Eher schlechten Baugrund bilden Moor, Flug- und Treibsand, Torf und Humus sowie alle nicht künstlich verdichteten Aufschüttungen.
Da Wintergartenanbauten direkte Verbindung zum Wohnhaus haben, dürften sich kaum Probleme ergeben. War für das Haus eine Tiefgründung erforderlich, wird dies auch bei dem nachträglichen Anbau nötig sein. Wurde das Fundament berechnet, muß der Bauherr eine Baugrube ausheben und eine Schalung bauen. Er kann den Beton in der gewünschten Qualität als sogenannten Ortbeton selbst mischen oder als Fertigbeton termingerecht liefern lassen.

Kritische Konstruktionsdetails

Bei jedem Glasanbau gibt es drei Punkte, auf die Witterungseinflüsse in besonderem Maße einwirken: den Wandanschluß, vor allem an der Firstkante des Tragwerks, die Traufbzw. Vorderkante des Anbaudachs sowie den Fußpunkt, die Unterkante der Seitenwände. Der Wandanschluß muß mit größter Sorgfalt und hoher Präzision ausgeführt werden. Rahmen und Verglasung des Anbaus müssen einerseits fest, andererseits möglichst elastisch mit der Hauswand verbunden werden. Die Kante ist hier absolut und dauerhaft dicht zu isolieren, damit keinerlei Regenwasser nach innen dringen kann. Ist beim Wandanschluß in erster Linie handwerkliches Können gefragt, kommt es bei der Traufkante auf die Detailgenauigkeit des Wintergartenentwurfs oder des Herstellersystems an. Der Übergang von der Dachfläche zur Wand muß so angelegt sein, daß Regen- oder Schmelzwasser möglichst rasch abfließen und sich im Winter keine Eisschicht bilden kann. Das waagerechte Profil an der Dachvorderkante soll – vor allem bei einer geringen Dachneigung – zur Dachfläche hin sanft anlaufen, damit ablaufendes Wasser an der Traufkante möglichst wenig Widerstand zu überwinden hat. Der Fußpunkt des Glasanbaus hat viel Feuchtigkeit zu verkraften. Er ist nicht nur direkt dem Regenwasser oder Schnee ausgesetzt, hier tropft auch das ablaufende Wasser auf den Boden und spritzt wieder hoch. Hinzu kommt das an den Innenseiten der Glaswände herablaufende Schwitzwasser. Innen wie außen müssen die Oberkanten der Bodenprofile schräg sein, damit das Wasser schnell abläuft und das auftreffende Spritzwasser von der Wand weggeführt wird. Bei

Bei einer Dachneigung von mindestens 20 Grad sind Lüftung und Reinigung des Glasbaus am besten gewährleistet.

einer Holzkonstruktion empfiehlt es sich, die Wände mit einem Kiesbett zu umlegen, das Spritzwasser weitestgehend verhindert und von den Holzteilen abhält. Da der Fußpunkt das Tragwerk mit dem stets kälteren Fundament verbindet, ist am untersten Profil eine Wärmedämmung unerläßlich. Eine Holzkonstruktion macht zusätzlich eine Dämmschicht gegen aufsteigende Feuchtigkeit erforderlich.

tip *Ist bei einem Wintergarten das Dach zu flach, kann sich dies ungünstig auf die Lüftung auswirken. Im Sommer heizt sich der Glasbau zu stark auf, die warme Luft muß über die Öffnungsflächen (Lüftungsklappen) abgeleitet werden. Dies ist jedoch bei einer zu geringen Dachneigung nicht optimal gewährleistet. Auch die Dachreinigung wird erleichtert, wenn Schmutz durch Regenwasser abgespült werden kann. Am besten funktionieren Lüftung und Reinigung bei einer Dachneigung von mindestens 20 Grad. Dann wird auch das Abtropfen von Kondenswasser im Inneren verhindert. Im Winter rutscht der Schnee von einem steilen Dach schneller ab.*

Übergänge abdichten

An den Verbindungspunkten des Rahmens mit Haus und Boden ist zu beachten, daß sich bei Wärme die unterschiedlichen Materialien unterschiedlich ausdehnen. Deshalb müssen die Übergänge flexibel sein, dürfen aber trotzdem keine Schwachstellen bilden, die Wärmeverluste zur Folge haben.
Die fertigen Wintergartensysteme verfügen über die entsprechenden Profile. Beim Selbstbau sind für den Wandanschluß Abschlußprofile im Fachhandel erhältlich, für den Fußpunkt eignen sich zum Beispiel Bauabdichtungsfolie und Polyurethanschaum. Aufsteigende Feuchtigkeit läßt sich durch isolierende Dichtungsstreifen am Fundament und Sockel abfangen.

Solararchitektur

Seit es Gewächs- und Treibhäuser gibt, weiß man, daß in Glasbauten Sonnenstrahlen in Wärme umgewandelt werden, die durch das Glas nur zu einem ganz geringen Teil wieder nach außen gelangt. Der Hauptanteil der Wärme bleibt also im Inneren des Glasbau »gefangen«.
Mit der Renaissance der Wintergärten hat sich auch die Idee weiterentwickelt, mit dieser durch Sonneneinstrahlung gewonnenen Wärme fossile Energie einzusparen. Wärmeaufnahme, Wärmespeicherung und Wärmenutzung sind dabei das »Dreigestirn«, das zum Energiesparerfolg führt.
Lange Zeit wurde Sonnenenergie ausschließlich durch »aktive« Solarsysteme gewonnen. Dabei wandeln Kollektoren, die Teil eines Wasserkreislaufs sind, Sonnenstrahlen in Wärme um. Spezielle Systeme transportieren dann die warme Luft ins Wohnhaus, was übrig ist, läßt sich über Luft-Wasser-Wärmepumpen zur Erwärmung des Brauchwassers (Wasch-, Bade- und Spülwasser) nutzen.

In dem großzügigen Glasanbau entsteht ein großer Vorrat an Warmluft, die einen deutlichen Beitrag zur Energieversorgung des Hauses leistet.

Um möglichst viel Sonnenenergie nutzen zu können, sollten im Wintergarten Speichermaterialien verwendet werden, die viel Wärme aufnehmen und verzögert wieder abgeben.

Passive Solarsysteme

Glasbauten und Solarhäuser bezeichnet man als »passive« Solarsysteme. In ihnen wird nicht nur die sich unter Glas entwickelnde Wärme, sondern auch die Wärme-Speicherfähigkeit der Bauteile und -stoffe des Glasbaus genutzt. Da der Dichteunterschied zwischen warmer Luft im oberen Bereich und der kühleren Luft am Boden für eine natürliche Luftströmung sorgt, läßt sich die erwärmte Luft ohne technischen Aufwand an die gewünschten Stellen des Hauses leiten, wo sie gespeichert werden oder Wohnräume mitheizen soll. Eine optimale »Ausbeute« läßt sich erreichen, wenn der Wintergarten nach Süden ausgerichtet ist und die Lichtstrahlung im rechten Winkel auf die Glaseindeckung trifft. Deshalb ist auch ein steiles Dach von Vorteil. Mit einem Glasanbau an der Südseite des Hauses lassen sich Untersuchungen zufolge etwa 14 Prozent der Heizkosten einsparen.

Beim passiven Solarsystem bieten sich verschiedene Möglichkeiten an. Der Glasanbau kann über Luftkanäle mit dem Wohnhaus verbunden oder bei Zweigeschossigkeit nach oben offen sein, so daß die erwärmte Luft von sich aus in den hinter dem Wintergarten liegenden Wohnbereich gelangen kann.

Aufsteigende warme Luft strömt aus dem Glasbau hinaus, kühle Luft wird – zum Beispiel durch Luftklappen – im Bodenbereich angesaugt. Die Erzeugung warmer Luft läßt sich noch steigern, wenn die Hauswand, an der der Glasanbau anschließt, aus einem dunklen Material mit einer aufgesetzten, wandgroßen Scheibe besteht (Trombwand). Dadurch entsteht ein Luftkollektor, der am Boden kühle bis kalte Luft zuführt und oben die im Zwischenraum erwärmte Luft ableitet.

Mit der großen Glasfläche wird viel Wärme aufgenommen und dem Hausinneren zugeführt.

Links: Dieser Glasanbau wirkt ebenso funktionell wie das Haus. Rechts: Der Wintergarten im englischen Stil steht im Kontrast zur schmucklosen Backsteinfassade des Hauses.

Wärmeschutz im Wohn-Wintergarten

Wird ein Wintergarten beheizt und ganzjährig als Wohnraum genutzt, so gelten für ihn die DIN 4108 (Wärmeschutz im Hochbau) sowie die Wärmeschutzverordnung. Für beide ist die Bezugsgröße der Wärmedurchgangskoeffizient (k-Wert). Für die Dämmeigenschaften des Wintergartens ist natürlich der Glasanteil ausschlaggebend. Bei einem kompletten Neubau wird der Glasanbau mit der restlichen Außenfläche des Hauses verrechnet. Diese darf dabei einen vom Raumvolumen abhängigen mittleren k-Wert nicht überschreiten.
Soll ein ganzjährig bewohnbarer Wintergarten nachträglich angebaut werden, muß Isolierglas mit einem k-Wert unter 3,1 W/qm verwendet werden. Mit einem speziellen Wärmeschutzglas wird die Wärmedämmung deutlich verbessert. Auch zum Boden hin muß die Dämmschicht mindestens 4 cm dick sein.

hinweis *Die Erzeugung von Wärme in Wohnhäusern umfaßt rund ein Drittel des gesamten Energieverbrauchs. Mit der im ganzen Bundesgebiet gültigen Wärmeschutzverordnung soll dieser Energieverbrauch und der damit verbundene Schadstoffausstoß deutlich gesenkt werden. Sie schreibt für Neubauten, An- und Umbauten bestimmte k-Werte bei der Wärmedämmung an Wänden, Dächern, Decken und Fenstern vor und berücksichtigt dabei auch energiesparende Heizungssysteme und Warmwasseraufbereitung.*

Zusätzliche Wärmespeicher

Soll ein Wintergarten vor allem der Energieeinsparung dienen, müssen bei seinem Bau Materialien mit hoher Wärme- bzw. Absorptionsfähigkeit verwendet werden. Es soll aber gewährleistet sein, daß die gespeicherte Wärme nicht nur in den Wohnbereich weitergeleitet, sondern auch bei Bedarf – zum Beispiel im Sommer – mittels einer guten Entlüftung wieder nach draußen abgeführt wird.
Dunkle Flächen werden stärker aufgeheizt als helle, Natursteine, Ziegelsteine und Kalksandsteine haben eine hohe Wärmespeicherkapazität, ebenso Wasser und Erde.
Ein dunkler Steinboden oder eine massive, möglichst geschlossene Trennwand zum Haus bieten sich als Lösung an.
Ein Wärmespeicher, der sich zugleich sehr gut im Wintergarten als Gestaltungselement einsetzen läßt, ist ein kleiner Teich.

Wintergärten mit Stil

Wintergärten greifen den Ausdruck von Lebensfreude und Ambiente auf, der sich in der Architektur vergangener Jahrhunderte widerspiegelt. Im Wintergarten-Boom der letzten Jahre ist von dieser Ästhetik leider sehr viel verlorengegangen. Häufig sieht man lieblose Glasanbauten, die das Gesicht eines Hauses eher entstellen als verschönern.

An dieser Stelle wird das Konstruktions- und Gestaltungskonzept eines Wintergartenherstellers vorgestellt, das sich der klassischen Stilrichtung englischer Wintergärten bedient. Die Engländer waren die ersten, die den Wintergarten für sich entdeckten. Wenn er anfangs auch nur einer elitären Oberschicht vorbehalten war, so änderte sich dies im Laufe der industriellen Revolution, als es möglich wurde, Stahl zu ziehen. Die über Generationen gesammelten Erfahrungen drücken sich heute in der architektionischen Interpretation der Glashäuser aus.

Der »Landhausstil« paßt zu Stadthäusern ebenso gut wie zu Einzelhäusern, er wertet das Erscheinungsbild eines Hauses beachtlich auf. Auch moderne und postmoderne Variationen sind möglich. Der Stil eignet sich ebenso für Pavillons, große Gewächshäuser (botanische Gärten), Restaurants oder Cafés. Details wie Regenrinnen, Ornamentleisten, Beschläge, Fenstereinteilung etc. erlauben endlose Gestaltungsvariationen. Hier liegt der Unterschied zu vielen gängigen Wintergartensystemen, die eher funktionalen Charakter haben. Die klassische Linie hingegen gefällt vor allem durch die Liebe zum Detail. Viele Bauteile sind so konstruiert, daß sie neben ihrer Funktion auch einen dekorativen Charakter haben. Dazu gehören zum Beispiel vielfältig geformte Beschläge oder bewußt sichtbare Verschraubungen aus massivem Messing. All das schafft einen lichtdurchfluteten Raum, eine neue Lebensqualität, die es erlaubt, in allen vier Jahreszeiten den Wechsel der Farben und Stimmungen naturnah zu erleben.

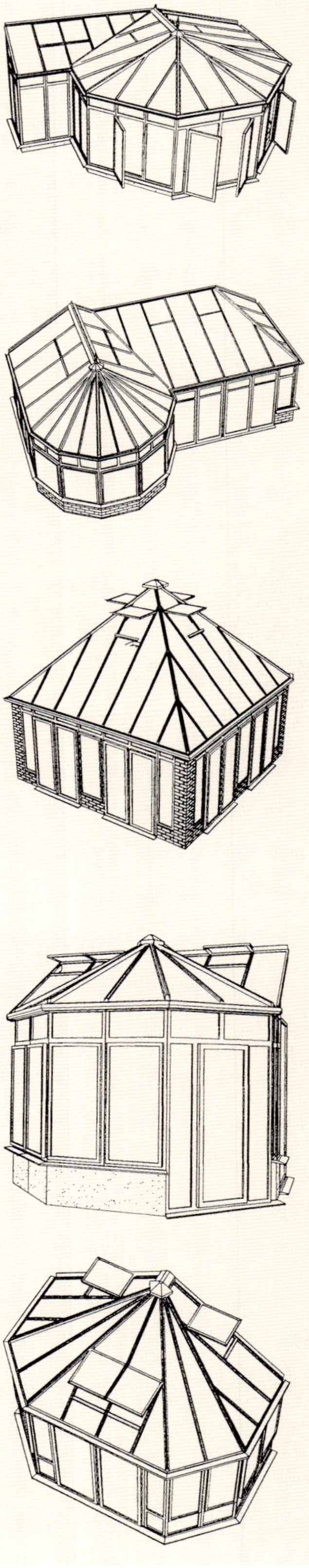

Die Wintergärten der Firma SANS SOUCI greifen unter anderem die Eleganz auf, die an den zahlreichen Gebäuden der weitläufigen Schloßgärten gleichen Namens in Potsdam zu sehen sind. Sie lassen sich immer auf die persönlichen Vorstellungen des Bauherrn zuschneiden und optimal an dessen Haus anpassen.

Grundvoraussetzung für ein angenehmes Klima im Wintergarten sind ausreichende Lichtverhältnisse und Schattierung sowie eine gut funktionierende Be- und Entlüftung.

Das Wintergartenklima

Licht und Schatten, Luft und Temperatur

So willkommen die Transparenz des Glasgartens auch sein mag, Teilbereiche müssen zu beschatten sein.

Bei einer ganzjährigen Nutzung des Wintergartens müssen dort Bedingungen geschaffen werden, die den Aufenthalt für Menschen und Pflanzen gleichermaßen »behaglich« machen: im Sommer wirkungsvolle Schattierung und Lüftung, in der kalten Jahreszeit angenehme Wärme. Für Pflanzen unter Glas haben Licht, Luft, Feuchtigkeit und Wärme eine besondere Bedeutung. Licht und Wärme müssen im Sommer reduziert werden, Kälte und Lichtmangel im Winter machen einen Ausgleich durch Heizungswärme und Kunstlicht notwendig.
Jeder Glasbau vermittelt Transparenz und eine helle, sonnige Atmosphäre. Häufig wird jedoch die Wärme, die sich durch eine Rundumverglasung im Inneren des Baus entwickelt, unterschätzt. Deshalb sind zumindest Teilbereiche des Wintergartens zu beschatten. Dabei darf nicht vergessen werden, daß die Pflanzen im Wintergarten – insbesondere diejenigen mit tropischer Herkunft – eine bestimmte Menge an Licht brauchen, um im Glasgarten auch im Winter gedeihen zu können.

Zur Beschattung lassen sich Kletterpflanzen auch sehr gut in die Bepflanzung des Wintergartens einbeziehen.

Licht

Die Lichtansprüche der einzelnen Pflanzenarten sind aufgrund ihrer heimatlichen Standortverhältnisse sehr unterschiedlich, doch ist davon auszugehen, daß bei den meisten Pflanzen ein normales Wachstum erst bei Werten ab 2000 Lux ablaufen kann. Für ausgesprochen lichtbedürftige Pflanzen empfiehlt sich im Wintergarten eine Beleuchtungsstärke von 10 000 bis 20 000 Lux, für schattenliebende Pflanzen 5000 bis 10 000 Lux.
Ein zu intensiver Lichteinfall kann im Glasbau nicht nur zu einer übermäßigen Wärmeentwicklung, sondern bei vielen Pflanzen zu Schäden (Verbrennungen) führen.
Sonnenlicht besteht aus kurz- und mittelwelligen Strahlen und kann die Glashülle des Wintergartens größtenteils durchdringen. Nur ein geringer Lichtanteil wird an der Eindeckung sowie auf den Oberflächen von Boden und Pflanzen reflektiert. Der Hauptanteil wird in langwellige Wärmestrahlen umgewandelt und durch Konvektion an die Raumluft weitergegeben. Langwellige Strahlung kann nicht mehr durch die Glashaut hindurch nach außen gelangen, sondern bleibt im Wintergarten »gefangen«. Selbst bei niedrigen Außentemperaturen heizt sich dieser bei geschlossenen Lüftungsöffnungen allein durch die Sonneneinstrahlung auf. Kurzwellige UV-Strahlen halten die Pflanzen niedrig. Für den langwelligen Wärmestrahlenbereich (Infrarot-Bereich) gilt: je geringer die IR-Durchlässigkeit, desto günstiger. In der lichtarmen Jahreszeit muß eine Zusatzbelichtung in Betracht gezogen werden.

Innen- und Außenschattierung

Sonnenschutz ist für einen Wintergarten unerläßlich. Durch gezielte Schattierung läßt sich die Lichtfülle und Wärme reduzieren. Für die Innenschattierung eignen sich vor allem helle, reflektierende Materialien, die kurzwellige Strahlung teilweise gleich wieder nach außen ablenken. Das können leichte Rollos oder Jalousien sein, die mit schmalen, eng angeordneten Lamellen wahlweise zu einer undurchsichtigen oder lichtdurchlässigen Fläche verstellbar sind oder sich auch ganz hochziehen lassen.
Außenschattierungen – ebenfalls in Form von Rollos und Jalousien, die in wenigen Zentimetern Abstand auf dem Wintergartendach angebracht werden oder Markisen – müssen robust und witterungsbeständig sein. Sie sind stärkeren Beanspruchungen ausgesetzt und deshalb auch teurer. Grundsätzlich stellt sich die Frage, welche Schattierung geeigneter ist, die Innen- oder Außenschattierung? Wird der Wintergarten aufgrund seiner Lage sehr intensiv von der Sonne beschienen, empfiehlt sich eine Außenschattierung, die den Großteil der Wärme erst gar nicht in

tip *Die im Wintergarten erforderliche Beleuchtungsstärke läßt sich mit Hilfe eines Luxmeters ermitteln, das in verschiedenen Ausführungen im Handel erhältlich ist. Für Messungen im häuslichen Bereich sind einfachere Geräte ausreichend. Sie kosten zwischen 20 und 50 DM.*

Zur Innenschattierung eignen sich leichte Rollos oder Jalousien, die verstellbar sind oder sich leicht hochziehen lassen.

den Glasanbau hineinläßt. Der Wirkungsgrad einer Innenschattierung ist hier deutlich niedriger. Die Sonnenstrahlen durchdringen das Glas und heizen die Luftschicht zwischen Glas und Schattierung stark auf. Die Wärme kann jedoch nicht mehr nach außen entweichen. Was im Sommer ein Nachteil ist, kann in der kalten Jahreszeit jedoch von Vorteil sein. Denn an kühlen Tagen und in kalten Nächten hält die Innenschattierung die Wärme in Wintergarten länger fest. Zusammenfassend läßt sich sagen, daß sich die Außenschattierung für Wintergärten empfiehlt, deren Raumtemperatur den Aufenthalt angenehm macht, also eher kühl sein sollte. Innenschattierungen sind vor allem dann sinnvoll, wenn der Glasbau als »Sonnenofen« genutzt soll.

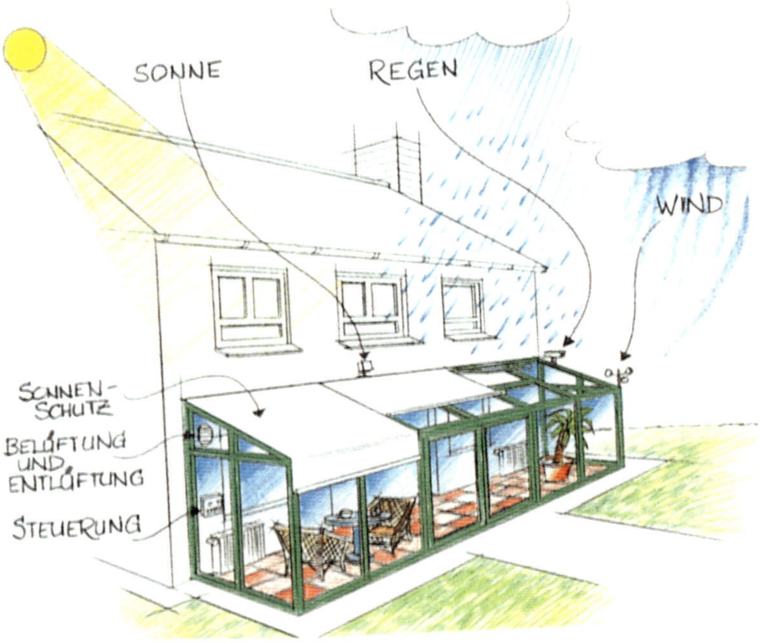

Bei einer vollautomatischen Klimasteuerung sorgen Meßgeräte für das Öffnen und Schließen der Dachfenster, das An- und Abschalten von Lüftern und das Ein- und Ausfahren von Markisen.

Außenschattierungen – in Form von Markisen – müssen robust und witterungsbeständig sein.

Natürliche Schattierung

Daneben bieten sich auch natürliche Elemente an, die eine direkte Sonneneinstrahlung mindern. Das können höhere Bäume oder Büsche direkt vor dem Wintergarten sein oder zu diesem Zweck eingesetzte Kletterpflanzen an Spalieren. Letztere kann man ganz gezielt auch in die Bepflanzung des Wintergartens einbeziehen. Die Spaliere oder Kletterhilfen sollten möglichst leicht sein und optisch unauffällig angelegt werden, damit sie sich nicht störend ins Blickfeld drängen. Der Nachteil eines natürlichen Sonnenschutzes ist jedoch, daß er keine individuelle Anpassung an die jeweilige Sonneneinstrahlung ermöglicht. Zudem sollte man darauf achten, daß die für die Pflanzen im Wintergarten erforderliche Lichtmenge bei einer schattenspendenden Bepflanzung noch gewährleistet ist. Diese darf deshalb nicht zu dicht wachsen.

Links: Eine schattenspendende Bepflanzung darf nicht die Lichtverhältnisse im Wintergarten beeinträchtigen.

Be- und Entlüftung

Selbst mit einer Schattierung erwärmt sich bei intensivem Sonnenschein die Luft im Wintergarten sehr schnell. Es muß also gleichmäßig frische, kühlere Luft zugeführt und erwärmte Luft abgeführt werden, damit für Menschen und Pflanzen ein angenehmes Klima herrscht. Dies läßt sich zum einen relativ rasch, jedoch nur kurzfristig mit dem Öffnen der Wintergartentüren regeln. Zum anderen müssen zusätzliche, auch bei Abwesenheit der Hausbewohner steuerbare Lüftungsmöglichkeiten zum Einsatz kommen. Sie sorgen für einen zwar langsameren, aber stetigen Luftaustausch. Das wird mit in unterschiedlichen Höhen angebrachten Lüftungsklappen erreicht. Außenluft führt man am besten im unteren Bereich zu und im Dachbereich ab. Zu diesem Zweck sollte sich mindestens ein Fünftel der Dachfläche sowie eine vergleichbare Fläche am Fuß der Wände öffnen lassen. Der Höhenabstand zwischen beiden Öffnungen darf 2 bis 2,5 m betragen. Das Luftvolumen sollte fünfzigmal in der Stunde ausgetauscht werden. Abluftöffnungen können 10 Prozent größer als Zuluftöffnungen sein. Die gesamte Lüftungsfläche, bei geöffneten Lüftungsklappen, soll 10 bis 16 Prozent der Hüllfläche oder etwa 25 Prozent der Grundfläche ausmachen, davon 40 Prozent für Zu- und 60 Prozent für Abluft. Entscheidend ist die Öffnungsweite, nicht die Klappengröße. Selbst bei noch so guter Lüftung läßt sich die Innentemperatur eines Glasanbaus nicht unter die Außentemperatur abkühlen. Bei sommerlicher Wärme wird sie bei gut dimensionierter Lüftung nur 2 bis 3 °C höher als die Außentemperatur sein.

Luftfeuchtigkeit

Eine regelmäßige Lüftung des Wintergartens ist insbesondere nötig, um zu vermeiden, daß die Luftfeuchtigkeit ansteigt. Auch ein Ventilator sorgt für Luftbewegung und wirkt entfeuchtend. Ansonsten schlägt sich frühmorgens und in kalten Nächten an den Innenseiten der Glaswände Feuchtigkeit nieder. Spezielle Aluminiumprofile mit Auffangrinne leiten dieses Tauwasser ab.

Bei einem dicht bepflanzten Wintergarten steigt die Luftfeuchtigkeit im Raum an und muß entsprechend reguliert werden.

Je mehr Pflanzen im Wintergarten vorhanden sind, je niedriger die Lufttemperatur ist, desto höher wird die Luftfeuchtigkeit, die in der Folge im gesamten Wohnbereich steigt. Bei Doppel- bzw. Isolierverglasung entwickelt sich mehr Luftfeuchtigkeit als bei Einfachverglasung, da es keinen Luftaustausch durch Undichtigkeiten gibt. Bei der Isolierverglasung weisen die Innenflächen höhere Temperaturen auf. Die Luftfeuchtigkeit steigt, es bildet sich verstärkt Kondenswasser. Dies und ein Beschlagen des Materials läßt sich nicht gänzlich verhindern, jedoch weitgehend durch Ableiten des Kondenswassers in Entwässerungsrinnen der Konstruktionsprofile einschränken. Ein Hygrostat kontrolliert und regelt die Luftfeuchtigkeit in Verbindung mit einem Luftentfeuchtungsgerät, daß der Raumluft einen Teil der Feuchtigkeit entzieht. Die relative Luftfeuchte in Prozent sollte das Zwei- bis Dreifache des Temperaturwertes betragen, zum Beispiel: 20 °C Wärme = 40 bis 60 Prozent relative Luftfeuchte.

tip *Eine ständige Regulierung der Luftfeuchtigkeit im Wintergarten läßt sich mit dem sogenannten »Hypotauscher Stein« erreichen. Er besteht überwiegend aus Ton und Lehm und ist wasserdampfdurchlässig. Aufgrund seiner Materialeigenschaft nimmt er Feuchtigkeit aus der Luft auf oder gibt sie wieder an die Luft ab und arbeitet dabei nach dem Prinzip des geringsten Drucks. Die gespeicherte Feuchtigkeit wird immer dorthin abgegeben, wo der Wasserdampfdruck am geringsten, also die Luft am trockensten ist. Auf diese Weise wird für eine angenehme Be- und Entfeuchtung des Wintergartens gesorgt (genaue Auskünfte bei der Firma Schennjesse).*

Die richtige Heizung

Ein Glasbau ist als thermisch labil zu bezeichnen, denn er reagiert wie kein anderer Baukörper auf Temperaturschwankungen. Er heizt sich schnell auf und kühlt ebenso schnell ab. Deshalb sollte er zum Wohnbereich hin abschließbar sein. Insbesondere größere Wintergärten, die zu den dahinterliegenden Wohnräumen stets offen bleiben, werden in der kalten Jahreszeit unweigerlich zur Energieschleuder, selbst dann, wenn sie mit Wärmeschutzglas eingedeckt sind. Kann der Wintergarten jedoch durch Glas-Schiebetüren von den dahinterliegenden Wohnräumen dicht abgetrennt werden, fungiert er als Klimapuffer und spart Heizkosten.
Jeder Wohn-Wintergarten sollte mit einer entsprechenden Heizung ausgestattet sein, damit die Raumtemperatur im Winter nach Bedarf hochgefahren werden kann. Die ideale Lösung wäre eine Konvektorenheizung, da hier keine Strahlungsverluste auftreten. Konvektoren geben die Wärme schnell ab und halten – bei Anordnung längs des Fundamentsockels – die Innenfläche der Glas-

Zur Entlüftung sollten sich mindestens 16 Prozent der Glasfläche öffnen lassen.

wände frei von Kondenswasser. Die Heizung muß den erforderlichen Wärmebedarf decken. Anhand der gewünschten Wärmedaten sollte die Berechnung wie die Installation vom Fachmann vorgenommen werden, vor allem auch im Zusammenwirken mit Solarsystemen.

Klimasteuerung

Das Klima im Wintergarten reagiert schnell auf sich ändernde Witterungsverhältnisse. Intensive Sonneneinstrahlung kann rasch zur Überhitzung des Raumes führen. Der Aufenthalt wird unerträglich, Einrichtung und Pflanzen nehmen Schaden. Mehrere variable Faktoren wie Sonne, Tageszeit, Wind und Regen, Schnee, Innen- und Außentemperatur müssen gemeinsam ausgewertet und für eine optimale Klimaregelung berücksichtigt werden. Es ist kaum möglich, manuel minutiös die Wärmezufuhr zu mindern oder zu erhöhen, zum richtigen Zeitpunkt zu lüften und Feuchtigkeit zuzuführen. Deshalb ist eine automatische Klimaregelung eine sinnvolle Investition.

Entscheidend ist nicht die Klappengröße, sondern die Öffnungsweite.

Im Fachhandel sind komplette Steuerungssysteme mit einer Wetterstation erhältlich, die Sonnenfühler für Ost-, Süd- und Westrichtung, Dämmerungsschalter, Außen- und Innentemperatursensor, Regensensor und Windfühler beinhaltet. Eine integrierte Uhr ermöglicht die Zeitsteuerung für mehrere Funktionen. Ein Hygrometer steuert die Fensterantriebe oder die Be- und Entlüftungskomponenten abhängig von der Luftfeuchtigkeit. Alle Beschattungen können einem oder auch mehreren Sonnenfühlern zugeordnet werden. So wird zum Beispiel eine Jalousie, die nach Osten orientiert ist, nur bei Sonneneinstrahlung von Osten ausgefahren.

Wenn man sich in der kalten Jahreszeit in einen Wintergarten zurückziehen kann, in dem es grünt und blüht, ist der graue Alltag schnell vergessen.

Wohnen im grünen Salon

Mit Pflanzen den Wintergarten gestalten

Wohn-Wintergärten werden im Winter auf Zimmertemperatur geheizt und sind ganzjährig als Wohnraum nutzbar.

Das Ziel aller gestalterischen Überlegungen muß sein, eine Einheit zwischen der Architektur des Wintergartens sowie Mensch und Pflanzen herzustellen. Der Standort der Pflanzen, die Pflanzgefäße, die Bodenstruktur sowie die Wirkung der ausgewählten Pflanzen und die Einrichtung in bezug auf die Nutzung des Raumes bilden die Eckpfeiler des Gestaltungskonzepts. Es geht darum, einen harmonischen und anregenden Lebensraum zu schaffen, in dem sich alle Bewohner – Menschen und Pflanzen – wohlfühlen.

Für ein langfristiges Gedeihen der Pflanzengesellschaft im Wintergarten müssen Wachstum und Ansprüche der einzelnen Arten berücksichtigt und aufeinander abgestimmt werden. Hier kann man der Natur einige Gesetzmäßigkeiten abschauen. So wird häufig gegen das Gesetz der Beschränkung verstoßen. Ein immer dichter werdender Pflanzenwald im Wintergarten ist nicht zwangsläufig auch schön. Pflanzen brauchen vor allem Platz, um sich entwickeln und in ihrem charakteristischen Erscheinungsbild zeigen zu können. Auch aus gestalterischen Gründen sollte in der Bepflanzung auf Übersichtlichkeit geachtet werden.

Palmen sorgen im Wintergarten für ein exotisches Flair.

Verschiedene Ebenen schaffen

Läßt man seinen Blick über eine Landschaft mit vielen unterschiedlichen Pflanzenarten schweifen, ist meist ganz deutlich eine Einteilung in »Stockwerke« zu erkennen, man unterscheidet Baum- oder Kronenschicht, Strauchschicht und Krautschicht. Diese natürliche »Raumordnung« läßt sich auch gut im Wintergarten umsetzen, dann wird seine Bepflanzung überschaubar. So dominieren zum Beispiel ein bis zwei Solitärpflanzen mit baumartigem Wuchs. Die nächste Ebene bilden halbhohe, strauchartige Gewächse. Sie stellen in der Regel den Hauptanteil der Pflanzen im Wintergarten. Den unteren Bereich besetzen niedrige (bis 1 m Höhe) Sträucher oder Bodendecker.

Raumgliederung und -erweiterung

Die beherrschenden Pflanzen sollten nach Möglichkeit nicht in der Mitte des Wintergartens plaziert werden. Als Leitpflanzen eignen sich Arten mit aufrechtem Wuchs besser als solche mit ausladenden Ästen. Die dominierende Wirkung wird noch verstärkt, wenn das Blattwerk nicht dunkel, sondern hell ist.

Die miteinander kombinierten Pflanzen müssen in der Form und Farbe harmonieren. Dabei sind Gegensätze durchaus erwünscht. Eine Palme wirkt alleine recht unproportioniert. In Verbindung mit rund- und breitblättrigen Pflanzen im mittleren und unteren Bereich ergibt sich ein attraktives Arrangement.

Mit einigen einfachen Gestaltungsmaßnahmen läßt sich dem meist begrenzten Raum eines Wintergartens mehr Weite verschaffen. Der Glasanbau erfährt eine optische Erweiterung, wenn er in seine Umgebung (Haus und Garten) bewußt eingebunden wird zum Beispiel durch Verwendung von gleichen Bodenbelägen drinnen und/oder draußen. Helle, leuchtende Farben (Möbel und Stoffe) lassen den Raum ebenfalls größer erscheinen. Auch sollte man darauf achten, daß der Blick aus dem Wintergarten in die »Ferne schweifen« kann und nicht durch Pflanzen verstellt ist.

Die Pflanzgefäße sind im Wintergarten ein wichtiges Gestaltungselement und sollten aufeinander abgestimmt sein.

Pflanzgefäße

Bei der Wintergartengestaltung kommt den Pflanzgefäßen eine hohe ästhetische Bedeutung zu. In erster Linie Behälter für das Substrat sind sie doch ein ganz entscheidendes Gestaltungselement im Wintergarten. Ihre Wirkung ist der in ihnen befindlichen Pflanzen absolut gleichzusetzen. Pflanzen und Gefäße gelten also als gleichwertig. Die Pflanzgefäße sollten deshalb sorgfältig und nach gestalterischen Gesichtpunkten ausgewählt und kombiniert werden. Größe, Material, Oberflächenstruktur, Form und Farbe tragen zur Raumwirkung der Pflanzen bei. Vor allem aber müssen Gefäß und Pflanze miteinander im Einklang stehen. So kommen zum Beispiel mediterrane Gewächse wie Oleander oder Myrte in rustikalen Terrakottatrögen am besten zur Geltung. Zu edlen Pflanzen wie Gardenien oder feingliedrigen Fiederpalmen passen hingegen eher reinweiße Keramikübertöpfe.

Was kosten Wintergartenpflanzen?

Ein Wintergarten ist schon ein Luxus für sich, der Bau ist mit erheblichen Kosten verbunden. Für exotische, entsprechend teure Pflanzen bleibt häufig nicht mehr viel Geld übrig. Ersatzweise läßt sich der Wintergarten durchaus mit verschiedenen Kübelpflanzen aus dem Garten und Haus bestücken. Auf Dauer ist dies jedoch keine Lösung, denn ein Wintergarten, der seinem Namen alle Ehre macht, sollte nach Möglichkeit auch ein kleines Pflanzenparadies sein. Große Pflanzen sind natürlich sehr teuer. Außerdem ist zu bedenken, daß sie oftmals nur schwer erhältlich sind, denn es herrscht nach großen Exemplaren eine hohe Nachfrage, und man muß sie beim Gärtner oft lange Zeit im voraus bestellen. Jüngere, entsprechend kleinere Pflanzen sind leichter und günstiger zu bekommen. Wer die finanziellen Mittel hat, sollte in jedem Fall von Anfang an seinen Wintergarten in dem ihm zusagenden Stil mit größeren und kleineren Pflanzen bestücken. Wem das nicht möglich ist, der muß sich zunächst mit kleineren Gewächsen begnügen oder aber – als Übergangslösung – den Wintergarten mit zu groß gewordenen, verschiedenen Zimmerpflanzen ausstatten. Nach und nach lassen sich dann diese Pflanzen ersetzen oder ergänzen.
Die optimale Wintergartenbepflanzung wirkt wie ein begrenzter Ausschnitt aus einer natürlichen Landschaft. In ihr sind die größeren Pflanzen das bestimmende Element. Deshalb sollten mindestens zwei größere Pflanzen, die den Raum in der Höhe gliedern, auch im Wintergarten den Blickpunkt darstellen. Zahlreiche tropische und subtropische Baum- und Straucharten wie Palmen, Bougainvilleen, Echte Feige oder größere *Citrus*-Arten eignen sich zu diesem Zweck bestens.

Pflanzen und Einrichtung sollten eine harmonische Einheit bilden.

Pflanzen nach Klimaansprüchen auswählen

Der Mensch hält sich im Vergleich zu den Pflanzen im Wintergarten nur eine begrenzte Zeit auf. Behagen ihm dort die Temperaturen nicht, kann er den Raum verlassen oder meiden. Das ist den Pflanzen nicht möglich. Sie müssen sowohl mit Hitze als auch mit Kälte zurechtkommen. Deshalb ist es wichtig, vor der Auswahl der Pflanzen die Nutzung und damit das vorherrschende Klima des Wintergartens festzulegen. Wird er ganzjährig als vollwertiger Wohnraum genutzt und deshalb zeitweise sogar beheizt oder handelt es sich um einen frostfreien Glasgarten, der sich nur im Sommer bzw. bei milden Außentemperaturen zum längeren Aufenthalt eignet?

Pflanzen für den Wohn-Wintergarten stammen meist aus den Tropen und sind ganzjährig grün. Im winterkühlen Wintergarten lassen sich immergrüne und sommergrüne Arten einsetzen, die aus Gebieten mit ausgeprägtem Jahreszeitenrhythmus (zum Beispiel Mittelmeerraum, Australien und Südafrika) stammen, einsetzen. Laubabwerfende Pflanzen eignen sich für Wintergärten, die im Sommer Schatten und Kühlung brauchen, im Winter aber das volle Sonnenlicht nutzen sollen.

Blatt- oder Blütenpflanzen

Ob Baum oder Strauch – jede Grünpflanze sollte ein attraktives Blattwerk haben. Manche Arten zeichnen sich durch besonders dekorative Blattmuster, -farben und -formen aus. Die Blätter können ungewöhnlich farbig sein, von vielen grünen Pflanzen gibt es auch buntblättrige Kulturformen. Andere Arten haben Blätter mit geradezu riesenhaften Ausmaßen, eignen sich aber nur für größere Wintergärten.

Wie attraktiv das Blattwerk einer Grünpflanze auch sein mag, die Wirkung leuchtender Blüten oder hübscher Früchte erreicht es nicht. Einige ausgesuchte blühende oder fruchtende Exemplare stellen deshalb die Highlights eines jeden Wintergartens dar.

Blickfang Palmen

Sie gelten von allen tropischen Pflanzen als der Inbegriff der Eleganz. In die Foyers von Grandhotels und Bürohäusern sowie in elegante Einkaufszentren scheinen sie fast besser zu passen als in ihre tropische Heimat. Doch auch in einem großzügigen Wintergarten machen sie stets »eine gute Figur«. Palmen besitzen eine strenge Schönheit, die besonders das architektonische Empfinden anspricht. Viele Pflanzenarten sehen nicht mehr attraktiv aus, wenn sie ihre unteren Blätter verlieren. Die palmenartigen Gewächse hingegen sehen auch dann attraktiv aus, wenn nur noch ein Blätterquirl am oberen Ende steht und der gemusterte Stamm sichtbar wird.

Der Einsatz von kletternden und schlingenden Pflanzen im Wintergarten ist von exotischem Reiz.

Vielseitig einsetzbar: Kletterpflanzen

Ihre Verwendung im Wintergarten ist von exotischem Reiz, denn viele der tropischen und subtropischen Schling- und Kletterpflanzen, zum Beispiel die Passionsblume oder die Pandorea, bilden nicht nur ein reiches Blattwerk aus, sondern tragen auch unermüdlich Blüten. Kletterpflanzen können im Wintergarten verschiedenen Zwecken dienen. Sie lassen sich als Sichtschutz einsetzen, um bestimmte Bereiche im Wintergarten nach außen hin oder innerhalb abschirmen. Auch als Raumteiler eignen sie sich. Bauliche Unebenheiten, unschöne Kanten u.ä. kann man mit ihrem lebendigem Grün wunderbar kaschieren. Vor allem aber sind Kletterpflanzen recht preisgünstige Schattenspender.

Dekorative Ergänzung: Bodendecker

Im Freiland sollen Bodendecker laufendes Unkrautjäten und die Lockerung des Bodens ersetzen. Im Wintergarten dienen sie in erster Linie dekorativen Zwecken und ergänzen vorrangig Beckenpflanzungen. Es kommen Pflanzen mit mehr oder weniger kriechendem Wuchs oder mit dicht aufrechtstehenden Trieben, die sich durch (Wurzel-) Ausläufer ausbreiten, in Frage. Bei der Auswahl ist neben den Kulturansprüchen die Größe der Pflanzfläche zu beachten. Danach richtet sich die zulässige Höhe einer grünen Bodendecke, ebenso wie nach der Höhe der zu unterpflanzenden Gewächse. Bodendecker eignen sich insbesondere bei unten auskahlenden Solitärpflanzen im Kübel.

Ein sinnliches Erlebnis: Duftpflanzen

Ein naturnahes Erleben im Wintergarten wird vervollkommnet, wenn sich zu üppigem Blattwerk und leuchtenden Blüten ein zarter Duft gesellt. Viele duftende Pflanzen entwickeln erst abends den Duft ihrer Blüten, diese sind meist unscheinbar und weiß oder cremefarben gefärbt. Der Duft von Blättern verströmt erst beim Berühren oder Zerreiben, zum Beispiel bei den *Citrus*-Arten. Bei Gewächsen wie Rosmarin, Lavendel oder den *Cistus*-Arten werden die ätherischen Öle nur bei intensiver Sonneneinstrahlung freigesetzt.

Mediterrane Träume

Mit einem Arrangement aus verschiedenen mediterranen Pflanzen läßt sich ein Hauch von Mittelmeer und ein Stückchen Urlaub in den Wintergarten holen. Die Auswahl an Mittelmeer-Pflanzen für den Wintergarten ist groß, so daß sich für jeden Pflanzenliebhaber Arten nach seinem Geschmack finden lassen.
Für die meisten Pflanzen aus dem Mittelmeerraum ist der winterkühle Wintergarten der ideale Standort. Hier haben sie es vom Frühjahr bis zum Herbst sonnig und warm. Im Winter, wenn die Pflanzen eine Ruhezeit einlegen, zum Teil sogar ihre Blätter abwerfen und zurückgeschnitten werden müssen, ist es im winterkühlen Wintergarten hell und luftig, aber nicht warm – das ideale Klima für eine kurze Wachstumspause.

Palmen müssen sein

Bereits seit Jahrhunderten gehören Palmen zu den beliebtesten Kübelpflanzen. Mit ein, zwei Arten läßt sich bereits viel erreichen. In einem Mittelmeer-Wintergarten sollten sie als Leitpflanzen eingesetzt werden und sorgen dann schon allein für mediterranes Flair. Hier bieten sich Zwergpalme *(Chamaerops humilis)*, Kanarische Dattelpalme *(Phoenix canariensis)* und Hanfpalme *(Trachycarpus fortunei)* an.

Mittelmeertypische immergrüne Sträucher

In einem mediterranen Wintergarten dürfen die im Mittelmeerraum am häufigsten verbreiteten immergrünen Sträucher wie Goldorange *(Aucuba japonica)*, Eukalyptus *(Eucalyptus)* und Myrte *(Myrtus communis)* nicht fehlen. Die buschig wachsenden Pflanzen sorgen für üppiges Grün in verschiedenen Farbnuancen. Sie füllen den Raum, untergliedern ihn und bieten den Hintergrund für verschiedenfarbige Blütenpflanzen. Die meisten dieser Sträucher sind schnellwüchsig und können auch leicht vermehrt werden, so daß der Bewuchs mit den Jahren immer dichter wird.
Das Laub der immergrünen Sträucher ist so verschieden in Form und Farbe,

Links: Ein mediterraner Wintergarten holt ein Stück Urlaub ins Haus.

Die Bougainvillee darf hier nicht fehlen.

daß schon allein eine Kombination aus Goldorange, Eukalyptus und Myrte, die sich um eine Palme scharen, Urlaubsstimmung verbreitet.
Die meisten Wintergarten-Besitzer werden sich aber mit Grünpflanzen allein nicht begnügen. Denn viele verschiedenfarbige und meist auch noch duftende Blütenpflanzen aus dem Mittelmeerraum eignen sich für die Kultur im Wintergarten.

Blütenpracht in allen Farben

Die Blütenpflanzen lassen sich als Begleitpflanzen, aber auch als Leitstauden und Blickfänge einsetzen.
Die Bougainvillee *(Bougainvillea glabra)* zum Beispiel ist ein Blütenstrauch, dessen Blütenfülle und Farbenpracht aus südlichen Ländern nicht mehr wegzudenken ist. Er vermittelt wie keine andere mediterrane Pflanze südliche Atmosphäre und darf in einem Wintergarten mit mediterranem Ambiente keineswegs fehlen. Bei guter Pflege kann die Bougainvillee auch im Wintergarten sehr groß werden und fast das ganze Jahr über blühen. Die Farbpalette der im Handel angebotenen Sorten reicht von Violett über Rot, Rostrot, Orange und Gelb bis hin zu Weiß.

Betörender Duft das ganze Jahr

Nicht nur die Farbenpracht, auch der Duft sind Kennzeichen tropischer und subtropischer Blütenpflanzen. Bei entsprechender Pflanzenauswahl, kann es auch im Wintergarten das ganze Jahr über duften. Es sind vor allem weißblühende Blütensträucher, die einen mehr oder weniger starken Duft abgeben und damit bestäubende Insekten anlocken. Zitruspflanzen bringen das ganze Jahr über kleine, weiße, lieblich duftende Blüten hervor. Die großen, gelben, weißen oder rosafarbenen Trichterblüten der Engelstrompete *(Datura)* verströmen ihren schweren Duft vor allem in den Abendstunden und nachts. Ein duftender Winterblüher ist die Orangenblume *(Choisya ternata)*. Ihre weißen Blüten öffnen sich ab Februar und verbreiten einen betörenden Duft.
Wer Duftpflanzen in die Bepflanzung seines Wintergartens einplant, sollte sich allerdings für wenige Pflanzen entscheiden und darauf achten, daß sie zu unterschiedlichen Zeiten ihre Blüten öffnen. Zuviel verschiedene Düfte zur gleichen Zeit können schnell unangenehm wirken und bei einigen Menschen auch Kopfschmerzen verursachen.

Die passende Accessoires

Zum mediterranen Ambiente im Wintergarten passen vor allem verschieden geformte und verzierte Pflanzgefäße aus Terrakotta und Ton, stilisierte Pinienzapfen, Amphoren und kleine Skulpturen aus Terrakotta sowie diverse Keramik (Schalen, Wandteller u.ä.) aus südlichen Ländern.
Korbmöbel oder Bistrotische mit passenden Stühlen aus Eisen sowie Überwürfe, Tischdecken, Kissen etc. in kräftigen Farben und Mustern sorgen für eine stilgerechte Einrichtung.

Blütenpflanzen für den mediterranen Wintergarten

Mimose *(Acacia)*
Scheinmalve *(Anisodontea capensis)*
Erdbeerbaum *(Arbutus unedo)*
Bougainvillee *(Bougainvillea)*
Zylinderputzer *(Callistemon)*
Gewürzrinde *(Cassia)*
Johannisbrotbaum *(Ceratonia siliqua)*
Hammerstrauch *(Cestrum)*
Orangenblume *(Choisya ternata)*
Citrus-Arten *(Citrus)*
Laternenbaum *(Crinodendron)*
Engelstrompete *(Datura)*, *(Brugmansia)*
Wollmipsel *(Eriobotrya japonica)*
Korallenstrauch *(Erythrina)*
Kreppmyrte *(Lagerstroemia)*
Südseemyrte *(Leptospermum)*
Chilenischer Jasmin *(Mandevilla)*
Oleander *(Nerium oleander)*
Klebsame *(Pittospermum tobira)*

Ein Hauch von Fernost

Der fernöstliche Stil eignet sich sowohl zur Bepflanzung eines Wohn-Wintergartens als auch für die Gestaltung des winterkühlen Wintergartens. Denn die Auswahl an exotischen Pflanzen, die entweder ganzjährig warm und luftfeucht oder aber winterkühl stehen wollen, ist groß. Fernöstliches Ambiente wird in der Regel verbunden mit tropischer Blatt- und Blütenfülle, mit extravaganten Blüten und betörendem Duft, mit plätscherndem Wasser und vielfältigen Vogelstimmen, aber auch mit beruhigender Stille oder leisen Klangspielen. All diese Komponenten lassen sich auch im heimatlichen Wintergarten einsetzen.

Grün in allen Schattierungen

Asiatisch gestaltete Wintergärten haben meist eine immergrüne, relativ pflegeleichte Bepflanzung, in der Bambus-Arten und -Sorten in verschiedenen Größen und Grünschattierungen die Hauptrolle spielen. Für den Wohn-Wintergarten eignen sich in erster Linie die verschiedenen *Phyllostachys*-Arten, im winterkühlen Wintergarten sind *Bambusa*-Arten gut aufgehoben.
Auch die verschiedenfarbigen, kleinblättrigen *Ficus*-Arten wie Birkenfeige *(F. benjamina)* und Kletterficus *(F. pumila)* eigenen sich für den winterkühlen Wintergarten.
Kriechfeigen *(F. sagittata, F. deltoidea* und *F. buxifolia)* mögen es lieber ganzjährig warm. Von all diesen Arten gibt es sehr schöne weiß- oder gelbbunt panaschierte Sorten, die sich in verschiedenster Weise miteinander kombinieren lassen.
Zur Auflockerung und als Blickfang können noch ein bis zwei groß- und dunkelblättrige Arten wie Zimmeraralie *(Fatsia japonica)* und Geigenfeige *(Ficus lyrata)* im Warmhaus sowie Steckenpalme *(Rhapis)* und *Ficus rubiginosa* für den winterkühlen Standort dazugestellt werden.
Mit diesen immergrünen Pflanzen in variierenden Grüntönen, Blattgrößen und Wuchsformen kann jeder Wintergarten in eine grüne Oase verwandelt werden.

Links: Im fernöstlich gestalteten Wintergarten spielen immergrüne Arten in verschiedensten Grünschattierungen die Hauptrolle.

Ein bepflanzter Miniteich setzt hier ein Highlight.

Blüten in Rot, Rosa und Weiß

Die Traditionspflanze asiatischer Kultur ist der weißblühende Teestrauch *(Camellia sinensis)*. Seine nächsten Verwandten, die reichblühenden Kamelien *(C. japonica)*, bieten eine unglaubliche Fülle verschiedener Blütenformen und -farben und dürfen keinesfalls im fernöstlichen Ambiente fehlen. Die großen, duftenden Blüten sind einfach oder gefüllt. Die Farbpalette reicht von reinem Weiß über Rosa und Lachsfarben bis hin zu leuchtendem Rot, auch verschiedene zweifarbigen Kombinationen sind möglich. Kamelien, als Sträucher oder Hochstämmchen gezogen, sorgen von Oktober bis April im winterkühlen oder temperierten (um 15 °C) Wintergarten für die notwendigen Farbtupfer.
In den Wintermonaten tragen auch Azaleen *(Rhododendron simsii-*Hybriden) mit ihren weißen, roten und rosafarbenen Blüten zur Farbe bei. Sie sind als Topf- und Kübelpflanzen, in Strauchform und als Hochstämmchen im Handel und können auf die verschiedenste Weise zwischen den immergrünen Pflanzen arrangiert werden.
Im Wohn-Wintergarten sorgen für leuchtendes Rot die Früchte der Spitzblume *(Ardisia crenata)*, die über ein halbes Jahr lang die Pflanze schmücken sowie die fedrigen Blüten des Flammenbusches *(Calliandra tweedii)*. Je nach Saison kann auch mit rotblühenden Topfpflanzen ergänzt werden.

tip *Bambusmatten und -rollos, Porzellangefäße und -figuren, bunte Fächer, glänzend schwarz- oder rotlackierte Gefäße und Rattan-Möbel vervollkommnen das fernöstliche Flair.*

Wasser im Wintergarten

Wasserbecken, Mini-Teiche, Schöpfbrunnen oder Wasserspiele beleben jeden Wintergarten und verbessern die Luftfeuchtigkeit. Sie sollten nach Möglichkeit in einem fernöstlich gestalteten Wintergarten nicht fehlen. Am besten plaziert man sie in der Nähe eines Sitz- oder Ruheplatzes, um die entspannende Wirkung von plätscherndem Wasser auch richtig genießen zu können.

Für Farbe im Kakteengarten sorgen Arten mit leuchtenden Blüten.

Wüstengarten unter Glas

Wer nicht viel Zeit für die Pflanzenpflege aufwenden will, der kann seinen Wintergarten mit Kakteen und Sukkulenten in eine Art »Wüstengarten« verwandeln. Man kann die Pflanzen ruhig ein Paar Tage, ja Wochen sich selbst überlassen, ohne befürchten zu müssen, daß sie Schaden nehmen.
Die enorme Vielfalt der Arten und Gattungen macht die Auswahl schwer: Stamm- und Blattsukkulenten sowohl für ganzjährig warme als auch für winterkühle Standorte, Pflanzen mit großen, auffälligen Blüten oder mit bizarren Wuchsformen. Kombiniert man verschiedene Wuchsformen wie Kugeln, Säulen, Kandelaber und Rosetten, polster- und rasenbildende Arten sowie unterschiedlich mit Dornen, Borsten und Haaren geschmückte und reichblühende Pflanzen, lassen sich überraschende Wirkungen erzielen.

Links: Der Wüstengarten unter Glas ist vor allem pflegeleicht.

Blickfänge setzen

Auch in einem Wüstengarten dürfen hohe und auffällige Leitpflanzen, die den Blick auf sich ziehen, den Raum unterteilen und eine Höhenstaffelung ermöglichen, nicht fehlen.
Große Kakteen wie der bekannte Schwiegermuttersessel *(Echinocactus grusonii)* oder hochwüchsige, bizarr geformte und bedornte Säulenkakteen wie *Cleistocatus, Lophocereus* oder *Pachycereus* sind als große Exemplare sehr teuer in der Anschaffung, da sie sehr langsam wachsen und bei stattlichem Wuchs schon ein hohes Alter haben.
Am besten, man hilft sich mit preiswerteren Sukkulenten oder zum Wüstencharakter passenden Pflanzen wie der Madagaskarpalme *(Pachypodium lamieri)*, dem Flaschenbaum *(Brachychiton)*, Agaven *(Agave)* oder Drachenbäumen *(Dracaena)*. Einzeln in Kübeln gepflanzt dienen sie als Blickfang oder überragen im Pflanzbeet einen Wüstengarten.

Blühende Kakteen

Kakteen wirken insbesondere durch auffallend schöne und leuchtend gefärbte Blüten. Die meist relativ kleinwüchsigen Arten sollten zu mehreren in große, flache Pflanzgefäße oder Trogbeete gesetzt werden. Dabei ist unbedingt zu beachten, daß alle in einem Gefäß stehenden Arten die gleichen Standort- und Pflegebedingungen haben. Um die »Wüstenstimmung« im Wintergarten noch zu unterstreichen, kann man das Substrat in den Pflanzbeeten mit Sand oder Splitt abdecken und zwischen die Kakteen größere Felsbrocken legen.

tip *Eine allgemeingültige Gießregel läßt sich nicht aufstellen, folgendes sollte beachtet werden:*
- *Durchdringend gießen und mit der nächsten Wassergabe warten, bis das Substrat nahezu trocken ist.*
- *Den Pflanzkörper nicht benetzen. Dies gilt vor allem für wachsig bereifte oder behaarte Sukkulenten, sie werden sonst fleckig.*

Die Passionsfrucht oder Maracuja (Passiflora edulis) benötigt im Winter eine Mindesttemperatur von + 10 °C.

Exotisches Obst aus dem Wintergarten

Der Wintergarten muß nicht nur mit grünenden und blühenden Zierpflanzen bestückt sein. Er kann auch zum Nutzgarten werden, wenn man ihn als eine Art Gewächshaus betrachtet, in dem wärmeliebende Pflanzen wie Tomaten, Paprika, Zucchini und Gurken in Kübeln herangezogen werden. Eine gute Ernte ist in dem witterungsunabhängigen »Glasgarten« auf jeden Fall gewährleistet.
Zum Schlemmerparadies wird der Wintergarten, wenn er für den Anbau exotischer Früchte wie Feige, Kiwi, Zitrusfrüchten oder Maracuja genutzt wird. Für diese tropischen oder subtropischen Pflanzen eignet sich am besten ein temperierter oder winterkühler Wintergarten.
Natürlich gibt es auch exotische Früchte, die im Wohn-Wintergarten kultiviert werden können wie zum Beispiel die Riesengranadilla *(Passiflora quadrangularis)*, die Eßbanane *(Musa acuminata)* oder die Mango *(Mangifera indica)*. Es ist jedoch nicht sicher, ob bei uns im Winter die Lichtverhältnisse für ein gutes Wachstum, für Blüten- und Fruchtansatz dieser Pflanzen ausreichen. Meist blühen und fruchten auch erst ältere Pflanzen. Sind diese Exoten jedoch zum erschwinglichen Preis im Handel, sollte man es auf jeden Fall einmal ausprobieren.

Früchte aus dem Mittelmeergebiet

Zur Bepflanzung eines mediterranen aber auch fernöstlichen Wintergartens gehören auf jeden Fall Zitrusfrüchte. Sie sorgen das ganze Jahr über für zarten Blütenduft und gelbe bis orangefarbene Früchte und vermitteln Wärme und Sonnenschein.
Die verschiedenen Arten mit ihren unterschiedlich geformten Früchten lassen sich sehr schön zu kleinen Gruppen zusammenstellen.
Zu diesem Arrangement aus kleinblättrigen Sträuchern und Hochstämmchen paßt hervorragend die Echte Feige *(Ficus carica)* mit ihren gelappten, glänzend dunkelgrünen Blättern und den birnenförmigen, blauschwarzen Früchten.

Obsternte im winterkühlen Wintergarten

Kiwi *(Actinidia chinensis)*	Blütezeit Mai – Juni
Cherimoya *(Annona cherimola)*	Blütezeit März – Mai
Erdbeerbaum *(Arbutus unedo)*	Blütezeit November – März
Limette *(Citrus aurantifolia)*	Blütezeit ganzjährig
Bergamotte *(Citrus bergamia)*	Blütezeit ganzjährig
Mandarine *(Citrus deliciosa)*	Blütezeit ganzjährig
Zitrone *(Citrus limon)*	Blütezeit ganzjährig
Kakipflaume *(Diospyros kaki)*	Blütezeit Juni – August
Wollmispel *(Eriobotrya japonica)*	Blütezeit September – Oktober
Echte Feige *(Ficus carica)*	Blütezeit Juni – September
Kumquat *(Fortunella)*	Blütezeit ganzjährig
Granatapfel *(Punica granatum)*	Blütezeit Juli – Oktober

Für den Anbau von exotischen Früchten wie Kiwi (unten), Feige, Zitrusfrüchten und Guave eignet sich der temperierte oder winterkühle Wintergarten.

Fruchtende Schlingpflanzen

Mit Schlingpflanzen lassen sich im Wintergarten sehr gut und lebendig Räume unterteilen und Schattenplätze gestalten. Liefern diese Pflanzen darüber hinaus noch wohlschmeckende und vitaminreiche Früchte, haben sie einen doppelten Nutzen.
Ein solcher Schlinger ist die Kiwi *(Actinidia chinensis)*, auch Chinesische Stachelbeere oder Strahlengriffel genannt. Der Schlingstrauch kann bis zu 10 m lang werden und braucht auf jeden Fall ein gutes Klettergerüst oder Drahtseile, an denen er sich emporwinden kann. Kiwis sind zweihäusig, d.h. es gibt männliche und weibliche Pflanzen. Damit Früchte geerntet werden können, braucht man also mindestens zwei Pflanzen verschiedenen Geschlechts. Die Blüten erscheinen nur am zweijährigen Holz. Eine Pflanze kann bis zu 10 kg Früchte hervorbringen. Ein anderer Schlinger ist die aus Südbrasilien stammende Maracuja oder Granadilla *(Passiflora edulis)*, die schon im zweiten Jahr Früchte trägt. Die schön duftenden, weiß-violetten Blüten sind zwittrig und auf Fremdbestäubung angewiesen. Nach der Befruchtung entwickeln sich – je nach Sorte – eiförmige, braun-lila oder gelbe Früchte. Die gelben Früchte sind etwas saurer und kräftiger im Geschmack als die lilafarbenen.

Einjährige Exoten für den Wintergarten

Kleine exotische Kostbarkeiten sind die Kapstachelbeere oder Andenbeere *(Physalis peruviana)* und die Tomatillo *(Physalis ixocarpa)*, nahe Verwandte der in vielen Gärten angepflanzten Lampionblume *(Physalis alkekengi)*.
Die rankenden Pflanzen stammen aus Südamerika und können bei guter Pflege bis 2 m lang werden. Sie ähneln in ihren Wachstumsbedingungen und im Wuchs der Tomate. Die kugelrunden gelben (Tomatillo) oder orangefarbenen (Kapstachelbeere) Früchte stecken in ballonartigen, zarten Kelchhüllen. Da beide Arten sehr viel Wärme benötigen, um gut zu wachsen und Früchte anzusetzen, sind sie in vielen Landstrichen am besten im Gewächshaus oder Wintergarten aufgehoben. Die Pflanzen blühen ab Juli und fruchten im September/Oktober.

Beispielhafte Pflanzpläne

Der Wintergarten ist ein kostbarer Garten und Wohnraum. Seine begrenzte Größe und die Nähe zu den Wohnräumen lassen Eindrücke intensiver wirken und erleben. Fehler in der Gestaltung und Bepflanzung werden deutlicher empfunden als im Freilandgarten. Häufig wird Sammlerleidenschaften und persönlichen Liebhabereien der Vorzug vor gestalterisch notwendigen Aspekten gegeben.

Die Auswahl der Pflanzen für den Wintergarten sollte sich einerseits nach dem Geschmack des Pflanzenliebhabers richten, andererseits nach den Bedürfnissen der Pflanzen. Man darf weder das eine noch das andere außer Acht lassen. Auf den nächsten Seiten werden Vorschläge für Beetbepflanzungen gemacht, für den ganzjährig bewohnbaren sowie winterkühlen Wintergarten. Die Beispiele orientieren sich an den Licht- und Temperaturbedürfnissen der Pflanzen und berücksichtigen unterschiedliche Formen und Lagen hinsichtlich der Himmelsrichtungen.

Wohn-Wintergarten

1 Baumfreund *(Philodendron scandens)*
2 Brunfelsie *(Brunfelsia pauciflora)*
3 Palisanderbaum *(Jacaranda mimosifolia)*
4a Roseneibisch *(Hibiscus rosa-sinensis)*
4b Roseneibisch *(Hibiscus syriacus)*
5 Silbereiche *(Grevillea robusta)*
6 Nesselblatt *(Acalypha)*
7 Zimmerhopfen *(Beloperone guttata)*
8 Gelber Hopfen *(Pachystachys lutea)*
9 Einblatt *(Spathiphyllum)*
10 Gardenie *(Gardenia jasminoides)*

Winterkühler Wintergarten

1 Zylinderputzer *(Callistemon citrinus)*
2 Eisenholzbaum *(Metrosideros excelsa)*
3 Bougainvillee *(Bougainvillea glabra)*
4 Neuseeländer Flachs *(Phormium tenax)*
5 Jakobinie *(Jacobinia pauciflora)*
6 Myrsine *(Myrsine africana)*
7 Schusterpalme *(Aspidistra eliator)*
8 Strauchmargarite *(Chrysanthemum frutescens)*
9 Zickzackstrauch *(Corokia cotoneaster)*
10 Palmfarn *(Cycas revoluta)*
11 Zwergpalme *(Chamaerops humilis)*
12 Steckenpalme *(Rhapis excelsa)*

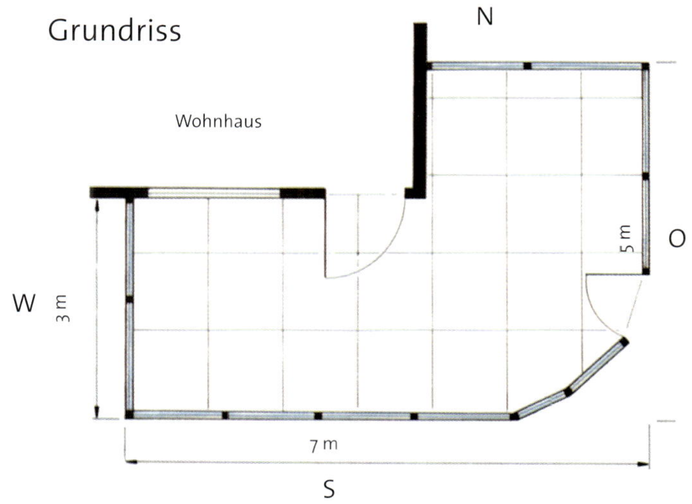

Wohn-Wintergarten

1 Birkenfeige *(Ficus benjamina)*
2 Lackblattpflanze *(Schefflera actinophylla)*
3 Baumfreund *(Philodendron bipinnatifidum)*
4 Banane *(Musa acuminata)*
5 Zypergras *(Cyperus alternifolius)*
6 Kroton *(Codiaeum variegatum)*
7 Drachenbaum *(Dracaena marginata)*
8 Epicie *(Epicia)*
9 Kolbenfaden *(Aglaonema commutatum)*
10 Spitzblume *(Ardisia crenata)*
11 Efeutute *(Epipremnum pinnatum)*
12 Roseneibisch *(Hibiscus rosa-sinensis)*
13 Pandorea *(Pandorea)*
14 Aralie *(Aralia)*

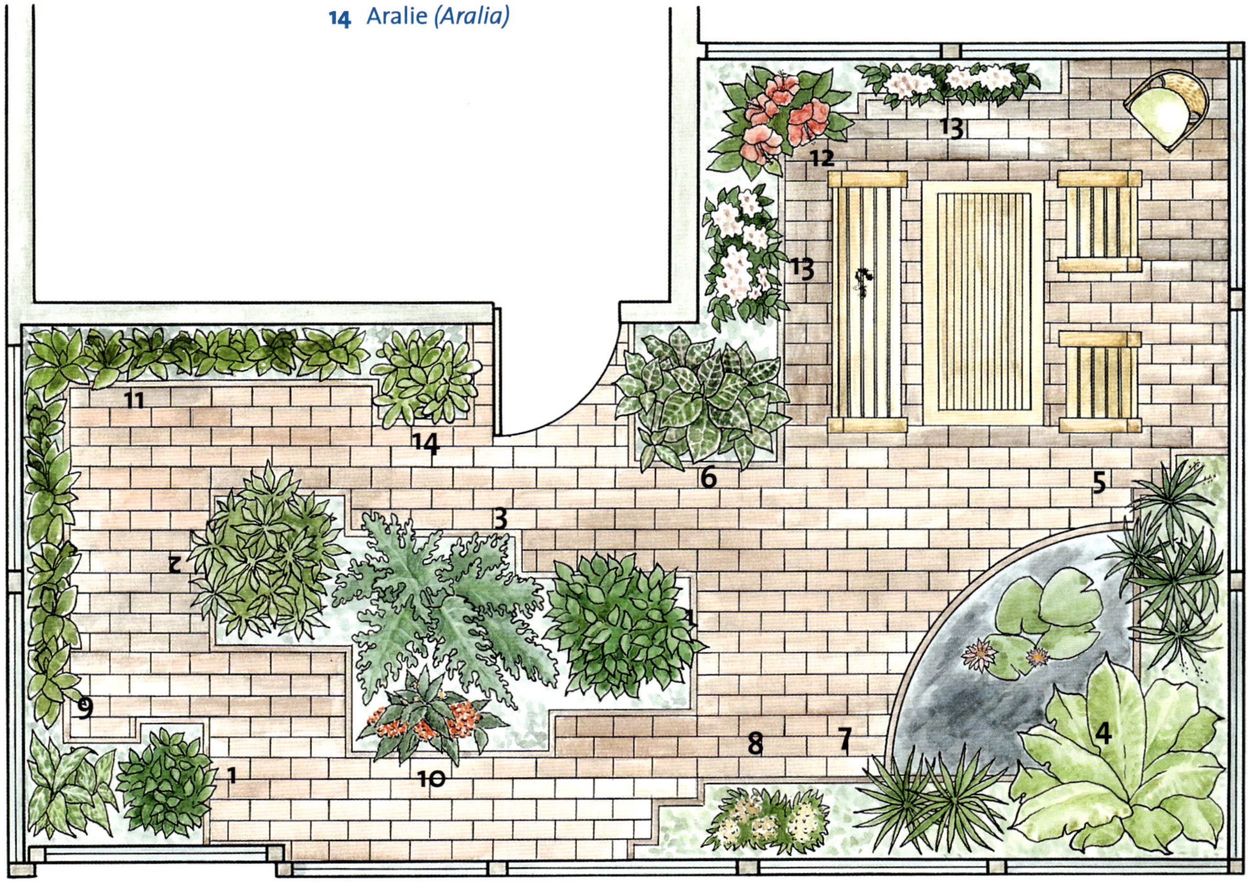

Winterkühler Wintergarten

1 Steineibe (*Podocarpus macrophyllus*)
2 Zimmeraralie (*Fatsia japonica*)
3 Klebsame (*Pittosporum tobira*)
4 Lorbeer (*Lauris nobilis*)
5 Japanische Wollmispel (*Eriobotrya japonica*)
6 Palmfarn (*Cycas revoluta*)
7 Kiwi (*Actinidia chinensis*)
8 Hammerstrauch (*Cestrum purpureum*)
9 Prinzessinenblume (*Tibouchina urvilleana*)
10 Fuchsie-Hybriden (*Fuchsia*)
11 Schusterpalme (*Aspidistra eliator*)

Grundriss

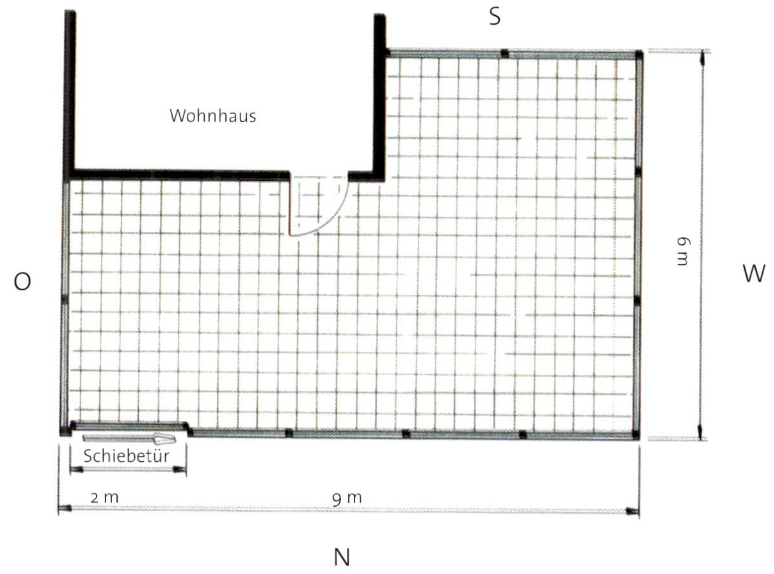

Die Bepflanzung des Wintergartens hängt von seiner Nutzung ab: Soll er ganzjährig bewohnbar sein oder vorrangig als temperiertes Pflanzenquartier dienen.

Pflanzung und Pflege

So gedeihen die Pflanzen im Wintergarten

Soll der Wintergarten seinem Namen Ehre machen, sind eine Reihe von regelmäßigen Pflegemaßnahmen erforderlich.

Am Anfang dieses Kapitels könnte die Frage stehen: Welches Verhältnis hat der Wintergartenbesitzer zu Pflanzen? Ist er ein Pflanzenliebhaber und -kenner oder dienen ihm die Pflanzen mehr zur Dekoration. Soll die Bepflanzung pflegeleicht sein oder den Hobbygärtner fordern, der gerne bereit ist, für eigenwillige Gewächse einen höheren Pflegeaufwand zu betreiben und dabei seine Kenntnisse zu erweitern?

Einer Umfrage nach ist der Wintergarten vorrangig ein Ort zum »untätigen« Ausspannen, Lesen, Nachdenken und geselligen Beisammensein. Vor diesem Hintergrund wäre ein relativ geringer Pflegeaufwand bei der Bepflanzung sicherlich wünschenswert. Andererseits kann die eingehende Beschäftigung mit den Pflanzen gleichermaßen entspannend wie anregend sein. Insbesondere dann, wenn eine sorgfältige, vor allem aber kundige Pflege von Erfolg gekrönt ist und es im Wintergarten üppig grünt und blüht.

Beetbepflanzung

Die Bepflanzung des Wintergartens läßt sich auf verschiedene Weise durchführen.
Eine Möglichkeit ist, Grundbeete mit Erdanschluß anzulegen. Die Pflanzen werden wie in einem Gartenbeet direkt in die Bodenerde gesetzt. Die Größe der Beete kann man beliebig wählen, der beste Platz ist entlang der Fensterfronten. Hier steht den Pflanzen die ganze Höhe des Wintergartens als Wuchsraum zur Verfügung, und es können auch problemlos Bäume gepflanzt werden. Allerdings ist die Anlage von Grundbeeten auch recht aufwendig, zudem bringt ein offener Boden auch einige Nachteile mit sich (Eindringen von Ungeziefer, Mäusen, muffiger Geruch u.ä.). Eine gute Alternative sind Becken oder Betonwannen, die auf den versiegelten Boden aufgemauert bzw. aufgestellt werden. Die Beckenwände kann man mit dem Bodenbelag des Wintergartens (Ziegel, Holz etc.) verkleiden.
In Beeten lassen sich kleine, natürliche Landschaften gestalten. Eine solche Bepflanzung wird sich ungehindert entwickeln und von Jahr zu Jahr prachtvoller gedeihen. Denn ein großes Pflanzbecken kommt dem Wachstum der Pflanzen sehr zugute, da sie – im Vergleich zur Kübelpflanzung – viel Wurzelraum zur Verfügung haben.
Die Auswahl der Arten muß sehr sorgfältig getroffen werden, da es Arten gibt, die hier ausufern würden und deren allzu üppiges Wachstum nur im Kübel zu kontrollieren ist.
Das Gießen im Beet ist einfacher, da nicht jeder Topf einzeln versorgt werden muß. Auch trocknen in den Beeten die Pflanzen nicht so schnell aus wie in Gefäßen.
Ein weiterer Vorteil der Beetpflanzung ist, daß bei nicht frostfreien Wintergärten die Erde nicht so schnell durchfriert.

Aufgemauerte Pflanzbecken lassen sich mit dem Bodenbelag (zum Beispiel Klinker) verkleiden.

tip *Wichtig ist bei festen Pflanzbecken eine etwa 10 cm dicke Sickerschicht aus Kies oder einem anderen Drainagematerial. In jedem Fall muß ein Ablauf eingebaut werden, damit überschüssiges Wasser abgeführt werden kann.*

Eine Beetpflanzung muß allerdings überlegt geplant werden, da sich später das Pflanzenarrangement kaum mehr verändern läßt.

Kübelpflanzung erfordert einen höheren Pflegeaufwand.

Kübelpflanzung

Der Vorteil von mobilen Pflanzgefäßen ist, daß die Bepflanzung bzw. Gestaltung des Wintergartens variabel bleibt. Pflanzen lassen sich problemlos austauschen, neu kombinieren und reizvoll arrangieren. Dies sieht zwar nicht so natürlich wie bei einer Beetpflanzung aus, dafür können die Gefäße als eigene Gestaltungselemente eingesetzt und auf die Pflanzen sowie auf die Einrichtung abgestimmt werden. Da man Substrat und Düngung für jedes Gefäß getrennt bestimmen kann, ist es möglich, auf die besonderen Bedürfnisse der verschiedenen Pflanzen gezielt einzugehen. Das erfordert andererseits einen höheren Pflegeaufwand. Wer sich für Kübelpflanzung entscheidet, hat die Wahl zwischen:

- **Plastik-Gefäßen,** die zwar recht preisgünstig, robust und leicht zu transportieren sind, aber in der Regel wenig attraktiv aussehen.
- **Terrakotta- und Ton-Gefäßen,** die in vielfältigen Formen erhältlich sind und in denen die meisten subtropischen Gewächse gut aussehen. Sie sind jedoch relativ schwer und bruchgefährdet. Von Vorteil ist die poröse Topfwand, die laufend nach außen Wasser abgibt. Staunässe und faulende Wurzeln gibt es selten. Allerdings muß häufiger gegossen werden.
- **Holztrögen,** bei denen die verwendete Holzart und die Behandlung mit Holzschutzmitteln eine Rolle spielt. Wegen der längeren Lebensdauer sind Harthölzer Weichhölzern vorzuziehen.

Bei der Größe bzw. dem Gewicht der Tröge sollte in jedem Fall der möglicherweise notwendige Transport bedacht werden.

Vorbereitung der Pflanzgefäße

Grundsätzlich sollten nur Gefäße mit Abzugsloch verwendet werden. Anderenfalls muß die Drainageschicht 2- bis 3mal höher sein als sonst. Bei Plastikgefäßen lassen sich ohne weiteres Abzugslöcher nachbohren.

Vor dem Einpflanzen müssen die Gefäße gesäubert werden. Bereits benutzte Pflanzgefäße werden gründlich mit heißem Schmierseifenwasser und einer Wurzelbürste gereinigt. Algen und Kalkausblühungen lassen sich gut mit einer Essig/Salzwasser-Lösung, die man kurz einwirken läßt, entfernen. Neue Ton- und Terrakotta-Gefäße werden ein oder zwei Tage in Wasser gelegt, damit sie sich vollsaugen können. Dann entziehen sie später dem Substrat nicht zuviel Feuchtigkeit. Holzgefäße stellt man am besten auf Ziegelsteine oder kleine Holzblöcke, damit unter dem Gefäßboden die Luft zirkulieren kann und sich keine Fäulnis bildet.

Fertigsubstrate sind im Fachhandel unter dem Namen »Einheitserde« erhältlich.

Substrate für Wintergarten-pflanzen

Bei einer erfolgreichen Pflanzenkultur ist die Erde von entscheidender Bedeutung. Das optimale Substrat soll:

- der Pflanze Halt und Standfestigkeit geben,
- Wasser speichern und durchlassen können,
- ausreichend Nährstoffe enthalten und bei Bedarf abgeben,
- luftig und locker bleiben,
- ein gutes Puffervermögen gegenüber falschen Wasser- und Düngergaben besitzen.

Bei der Nährstoffaufnahme der Pflanzen spielt der Sauerstoff eine wichtige Rolle. Er fördert im Substrat das rasche Wachstum und die gute Verzweigung der Wurzeln. Ein hoher Anteil an luftgefüllten und strukturstabilen Poren ist somit wesentliche Voraussetzung für ein gesundes Wachstum.

Ohne Wasser sind Wachstum und Nährstoffaufnahme nicht möglich. Deshalb ist ein gutes Wasserhaltevermögen des Substrats ebenso wichtig wie eine entsprechende Luftkapazität.

Die Wassersättigung darf jedoch nur insoweit stattfinden, wie noch genügend Luftporen zur Deckung des Sauerstoffbedarfs und für die Wärmespeicherung verbleiben. Überschüssiges Wasser soll abgeleitet, fehlendes durch kapillaren Aufstieg aufgenommen werden können.

Nährstoffe müssen im Substrat so gebunden sein, daß sie einerseits nur begrenzt ausgewaschen werden, andererseits der Pflanze jederzeit zur Verfügung stehen.

Selbst hergestellte Substrate

Pflanzen erweisen sich in der Regel gegenüber dem Substrat toleranter als oft angenommen. Deshalb ist es im allgemeinen nicht nötig, für jede Pflanzenart eine spezielle Substratmischung zu verwenden. Lehm, Rindenmulch und Sand (oder Blähton) im richtigen Verhältnis gemischt, ergeben ein Substrat, was den Ansprüchen der Wintergartenpflanzen gerecht wird.

Da Torf heute aus Naturschutzgründen nicht mehr abgebaut werden soll, ist ein möglichst torffreies Substrat zu verwenden. Viele Substrathersteller bieten Mischungen an, in denen Torf durch Rindenhumus, Grünkompost, Hydro-Mull und Holzfasern ersetzt wird.

tip

Standardmischung:
3 Teile Lehm
+ 5 Teile Rindenmulch
+ 2 Teile Sand

durchlässige Mischung:
3 Teile Lehm
+ 4 Teile Rindenmulch
+ 3 Teile Sand

Mischung mit hoher Luftkapazität:
3 Teile Lehm
+ 4 Teile Rindenmulch
+ 3 Teile feiner Blähton

Zu den regelmäßigen Pflegemaßnahmen gehört das Umtopfen.

Fertigsubstrate

Wer den relativ hohen Aufwand, Erde selbst herzustellen, scheut oder kein Risiko eingehen möchte, sollte Fertigerden, sogenannte Industriesubstrate verwenden, die es von verschiedenen Herstellern gibt. Sie sind im Fachhandel unter dem Begriff »Einheitserde« erhältlich.
Einheitserden werden von den Erdwerken in gleichbleibender Qualität geliefert. Sie unterliegen einer ständigen Kontrolle hinsichtlich Salzgehalt und pH-Wert. Sie enthalten in der Regel folgende Bestandteile: 40 Prozent Ton sowie 60 Prozent Rindenmulch und sind auf einen schwachsaueren pH-Bereich (pH 5,6 bis 6,5) eingestellt.

Weitere Substrate

In den genannten Substraten zersetzen sich trotz ihres Anteils an stabilisierenden Mineralstoffen nach einiger Zeit die organischen Bestandteile. Das Volumen schwindet, das Substrat sackt ein. Man kann deshalb auch ausschließlich gebrochenen Blähton oder gebrannte Tongranulate (zum Beispiel Seramis) einsetzen. Vorteil dieser Substrate ist, daß sie über viele Jahre ihre Struktur beibehalten und nicht zusammensacken. Sie können jedoch nur in wasserspeichernden Gefäßen verwendet werden. Der maximale Wasserstand sollte etwa ein Drittel der Gefäßhöhe betragen. Da die genannten Materialien keine Sorptionskapazität und eine hohe Wasserdurchlässigkeit haben, empfiehlt sich die Nährstoffversorgung mit Langzeitdüngern.

Wann umtopfen?

Zu den laufenden Pflegemaßnahmen bei Kübelpflanzen gehört das Umtopfen. Der beste Zeitpunkt hierfür ist das Frühjahr, wenn das Wachstum wieder voll einsetzt. Dann erholen sich die Pflanzen auch am schnellsten von einem möglicherweise nötigen Wurzelrückschnitt. Allerdings muß nicht in jedem Frühjahr umgetopft werden. Nur Jungpflanzen, die sich noch in der Entwicklung befinden, brauchen jedes Jahr ein neues, größeres Gefäß, bis sie ihre endgültige Größe erreicht haben. Auch Pflanzen, bei denen der Kübel zu klein geworden ist, benötigen ein neues Pflanzgefäß. Die meisten älteren Pflanzen aber vertragen es nicht, jährlich in neue Erde gesetzt zu werden. Viele reagieren darauf mit schlechter Blüte oder blühen gar nicht. Man sollte deshalb nach Plan umtopfen:

- Jährlich umgetopft werden müssen besonders nährstoffhungrige Pflanzen, die stark zurückgeschnitten wurden und wieder rasch zur vollen Größe heranwachsen sollen, dazu gehören unter anderem Schönmalve und Engelstrompete.
- Alle zwei bis drei Jahre topft man zum Beispiel *Citrus*-Arten, Myrte und Jasmin um.
- Alle vier bis fünf Jahre werden Pflanzen umgetopft, die einen geringfügigen Wurzelschnitt gut vertragen, ja sogar mit gesteigertem Wachstum darauf reagieren. Zur dieser Gruppe gehören Erdbeerbaum, Feige, Lorbeer, Ölbaum und Oleander.
- Alle zehn Jahre werden Pflanzen wie Agaven oder Palmen umgetopft, wenn deren Wurzeln oder Rhizome keinen Platz mehr im Kübel haben.

Nach dem Umtopfen wird zwei Wochen lang nur wenig gegossen. Das Substrat sollte zwar immer feucht, jedoch nicht naß sein. Frühestens sechs bis acht Wochen nach dem Umtopfen erfolgt die erste Düngergabe.

Die Verwendung von Regenwasser hängt vor allem von dessen Verschmutzungsgrad ab.

Bewässerung der Wintergartenpflanzen

Keine andere Pflegemaßnahme ist für das Gedeihen von Pflanzen so entscheidend wie die richtige Wasserversorgung. Zu den häufigsten Pflegefehlern gehört falsches Gießen. Die meisten Kübelpflanzen verdursten nicht, sondern werden zu Tode gegossen. Auch auf die Qualität des Gießwassers wird oft nicht geachtet.

Hartes oder weiches Wasser?

Da Wintergartenpflanzen sehr lange in derselben Erde stehen, spielt die Qualität des Gießwassers eine große Rolle. Leitungswasser eignet sich nicht vorbehaltlos. Entscheidend ist, daß das Wasser nicht zu hart und damit zu kalkhaltig ist. Denn kaum eine Pflanze verträgt über einen längeren Zeitraum zu hartes Wasser. Die Härte des Wassers hängt von seinem Gehalt an Kalzium- und Magnesiumsalzen ab. Als Maßeinheit gilt 1 Grad deutscher Härte (°dH). Die Härte des Leitungswassers kann regional beträchtlich schwanken, sie läßt sich beim zuständigen Wasseramt erfragen.

Bis zu 4 °dH spricht man von sehr weichem Wasser. Zum Gießen sollte es mit härterem Leitungswasser vermischt werden. Weiches Wasser mit 4 bis 8 °dH ist optimal zum Gießen geeignet. Mit 8 bis 10 °dH (mittelhartes Wasser) kommen viele Pflanzen noch gut zurecht, wenn das Wasser über Nacht steht und sich der Kalk absetzt. Wasser mit 10 bis 12 °dH kocht man ab und läßt es abkühlen. Hartes Wasser (12 bis 19 °dH) und sehr hartes Wasser (über 18 °dH) muß unbedingt enthärtet werden. Im Fachhandel gibt es hierzu Enthärtungsmittel oder Filtergießkannen, die spezielles Gießwasser aufbereiten.

tip *Mit einem alten »Gärtnertrick« läßt sich die Wasserhärte in etwa feststellen. Man besprüht hartlaubige Pflanzen mit Leitungswasser. Zeichnen sich danach auf den Blättern Kalkringe ab, ist das Wasser mittelhart. Haben die Blätter dagegen einen weißlichen Überzug, ist das Gießwasser hart bis sehr hart und muß unbedingt enthärtet werden.*

Bei nur wenigen Pflanzen läßt sich die Bewässerung am besten mit der Gießkanne bewerkstelligen.

Regenwasser

Früher wurde Regenwasser für das reinste und beste Wasser gehalten, heute kann es nicht mehr vorbehaltlos empfohlen werden. Denn es enthält Staub, Ruß, Asche, Kalk, Schwefelsäure, Öltröpfchen und vieles mehr. Ob sich Regenwasser zum Gießen verwenden läßt, hängt in erster Linie vom Säure- und Verschmutzungsgrad des aufgefangenen Wassers ab. Eine regelmäßige Reinigung der Dachrinne, insbesondere nach dem Laubfall im Herbst, ist Grundvoraussetzung. Für das Fallrohr der Regenrinne bietet der Fachhandel ein spezielles Aufsatzsieb an, das Blätter und Zweige zurückhält. Zum Entfernen von Schwebstoffen aus dem Regenwasser können Papier-, Watte- oder Sandfilter eingesetzt werden. Schwebstoffe machen allerdings nur einen Teil der Verunreinigungen aus. Regenwasser nimmt daneben Stoffe auf, die chemische Veränderungen hervorrufen. Von diesen Stoffen läßt sich das Wasser kaum befreien. Eine gewisse Abhilfe verschafft eine im Fallrohr installierte Umschaltvorrichtung, die eine Zeitlang das anfallende Regenwasser in den Abfluß leitet und erst, wenn die Luft und Dachflächen sauber gewaschen sind, in den Sammelbehälter abführt.

Richtiges Gießen

Wie man Pflanzen richtig wässert, lernt man vor allem durch Erfahrung. Grundsätzlich muß die Wasserversorgung den Bedürfnissen der Pflanzen angepaßt werden.
Der jeweilige Wasserbedarf ist vom Sämling bis zur großen Solitärpflanze natürlich unterschiedlich hoch. Unterschiedliche Pflanzen benötigen unterschiedliche Wassergaben.
Der Wasserbedarf hängt auch vom Standort der Pflanze ab. Eine Pflanze, die hell und warm steht, braucht mehr Wasser, als eine an einem kühlen und schattigen Platz. Auch mit der Witterung schwankt der Wasserbedarf. Bei trübem, regnerischem Wetter muß auch im Wintergarten weniger gegossen werden als bei sonnigem Wetter. Selbst das Erdvolumen im Pflanzgefäß spielt eine Rolle. Eine Pflanze in einem hohen Topf mit einem großen Erdballen braucht weniger oft Wasser als eine Pflanze in einem flachen Gefäß mit weniger Erde.

Gießregeln

Die Einhaltung der folgenden Regeln garantiert eine optimale Wasserversorgung der Wintergartenpflanzen:

- Pflanzen täglich kontrollieren.
- Erde nie völlig austrocknen lassen. Schrumpft das Erdvolumen vom Gefäßrand her zusammen, ist es höchste Zeit zu wässern.
- Nicht mit kaltem Wasser gießen. Das Wasser sollte der Temperatur des Wintergartens entsprechen.
- Kein hartes Wasser verwenden.
- Bei sonnigem Wetter die Blätter nicht benetzen oder besprühen, da es sonst zu Verbrennungen kommen kann.
- Während der Wachstumsphase und zur Blütezeit (meist im Frühjahr und Sommer) durchdringend und viel gießen. Während der Ruhezeit (im Herbst und vor allem im Winter) Wassermengen nach und nach reduzieren, später nur noch so viel gießen, daß der Wurzelballen nicht austrocknet.

Möglichkeiten der Bewässerung

Stehen nur wenige Pflanzen im Wintergarten, so lassen sich diese am besten mit der Gießkanne versorgen. In größeren Wintergärten mit vielen Pflanzen kann im Sommer, vor allem während des Urlaubs, die manuelle Bewässerung problematisch werden. Nachbarn oder Freunde, die das Gießen übernehmen könnten, sind meist ebenfalls im Urlaub oder mit der Betreuung fremder Pflanzen überfordert. Der Wunsch nach einer Vereinfachung, ja Automatisierung der Gießarbeit ist da nur allzu verständlich.

Dochtbewässerung

Ein gängiges Verfahren ist die Dochtbewässerung. Feuchtigkeit aufsaugende Dochte aus Vlies werden durch den Pflanzgefäßboden gezogen und über einen Vorratsbehälter mit Wasser versorgt. Dochtbewässerung ist in vielen Varianten möglich. Dicke und Länge der Dochte entscheiden über die zugeführte Wassermenge. Unter Umständen können für die Versorgung einer größeren Pflanze auch mehrere Dochte notwendig sein. Entscheidend ist, daß der Wasserstand im Vorratsbehälter nicht auf einem höheren Niveau als die Pflanzerde liegt. Denn sonst drückt das Wasser so lange in das Substrat, bis dieses gesättigt ist. Die Pflanze würde ständig in übernäßter Erde stehen.

Wasserpilzbewässerung

Der »Wasserpilz« (im Handel unter der Bezeichnung “Florali” oder »Blumat« erhältlich) besteht aus einem Tonkegel und einer luftdicht darauf angebrachten Kunststoffkapsel mit Deckel. Von einer Bohrung im Deckel führt ein dünner Schlauch in einen Wasservorratsbehälter. Der mit Wasser gefüllte Tonkegel wird in die Erde im Pflanzgefäß gedrückt, das Wasser läuft in das Substrat. Über den Schlauch wird gleichzeitig die verbrauchte Menge aus dem Vorratsbehälter nachgesaugt. Die Funktion basiert auf der Kapillarität der Tonwand und des Subtrats.
Docht- und Wasserpilzbewässerung eignen sich allerdings nicht für eine Dauerversorgung.

Links: Für die Urlaubszeit empfiehlt sich eine automatische Bewässerung der Pflanzen.

Wasserpilze arbeiten sehr zuverlässig, solange der Wasservorrat ausreicht.

Tröpfchenbewässerung

Bei diesem System wird Wasser durch Schläuche mit immer kleiner werdendem Durchmesser geleitet und dabei so dosiert, daß es aus den letzten Schläuchen (Tropfschläuchen) nur noch tröpfchenweise austritt. Es gibt verschiedene Fabrikate, wobei das Grundprinzip bei allen gleich ist: Aus einem Verteilerrohr, das im Pflanzenbestand verlegt wird, führen mehrere Tropfschläuche zu den einzelnen Pflanzgefäßen. Jeder Topf hat seinen eigenen Wasseranschluß. Der Wasseraustritt in das Substrat wird bei den einzelnen Fabrikaten unterschiedlich reguliert. Das Wasser muß sorgfältig gefiltert werden, um ein Verstopfen zu vermeiden. Außerdem ist der Vordruck auf 0,5 bis 1,0 bar zu reduzieren, da die Schläuche nicht den vollen Wasserleitungsdruck abbauen können.

Automatische Bewässerung

Bei einer vollautomatischen Regelung der Wasserversorgung sind verschiedene Steuerungsmechanismen möglich. Die Wassergaben erfolgen in Abhängigkeit von der Wassermenge, der Zeit oder der Feuchtigkeit im Substrat. Bei der Steuerung in Abhängigkeit von der Wassermenge wird in die Zuleitung zur Bewässerungsanlage ein automatisches Mengenventil eingebaut, das sich schließt, wenn die eingestellte Wassermenge durchgelaufen ist.

Ventile mit Zeituhr lassen sich leichter den unterschiedlichen Bedürfnissen der Pflanzen anpassen. An der Zeitschaltuhr werden die Dauer der Wassergaben und die dazwischenliegenden Pausen eingestellt. Zeitschaltuhren werden entweder an den Haushaltsstrom angeschlossen oder mit Batterie betrieben. Ein Magnet an den Schaltuhren sperrt den Wasserzufluß oder gibt ihn frei. Je nach Fabrikat können sie in 24 Stunden bis zu 72 Schaltungen durchführen.

Bei Wassergaben in Abhängigkeit von der Feuchtigkeit im Substrat wird ein Feuchtefühler eingesetzt, der über ein Regelgerät nach Bedarf das Öffnen des Magnetventils veranlaßt. Das Ventil bleibt solange geöffnet, bis die Erde im Gefäß wieder ausreichend mit Wasser versorgt ist.

Die Bewässerung läßt sich auch durch einen Strahlungsfühler steuern. Vor allem in den Sommermonaten ist der Wasserverbrauch im Wintergarten hauptsächlich von der Sonneneinstrahlung abhängig. Nach einer vorgewählten Einstrahlungsmenge schaltet das Gerät die Bewässerung ein, der eingebaute Zeitgeber beendet sie.

tip *Da die Ansprüche der einzelnen Pflanzenarten im gemischten Bestand eines Wintergartens doch recht verschieden sind, sollten vollautomatische Bewässerungssysteme nicht über einen längeren Zeitraum benutzt werden. Ein Teil der Pflanzen würde sonst falsch gegossen.*

Eine ausreichende Versorgung mit Nährstoffen ist insbesondere für Kübelpflanzen wichtig.

Wintergarten-pflanzen düngen

Für Pflanzen, die in Kübeln mit begrenztem Erdreich kultiviert werden, ist die Versorgung mit Nährstoffen von entscheidender Bedeutung. Die im Substrat enthaltenen Nährstoffe sind schnell aufgebraucht und müssen durch regelmäßige Düngergaben nachgeliefert werden. Pflanzen brauchen zum Wachsen und Blühen eine Reihe von Nährelementen, die sie mit ihren Wurzeln der Erde entnehmen. Zu den Hauptnährstoffen gehören: Stickstoff, Phosphor, Kalium und Magnesium. Außerdem werden für den reibungslosen Ablauf der Lebensvorgänge Spurenelemente wie Eisen, Mangan, Zink, Kupfer, Bor und Molybdän benötigt.

Mineralische Dünger

Mineralische Dünger sind in flüssiger, pulverisierter oder fester (Düngerstäbchen) Form erhältlich. Sie entfalten ihre Wirkung unmittelbar nach der Verabreichung. Da sie sich genau dosieren lassen, kann man den individuellen Ansprüchen der Pflanzen gerecht werden. Mineralische Dünger gibt es auch mit unterschiedlichen Anteilen der Hauptnährstoffe Stickstoff, Phosphor und Kalium, ausgedrückt in dem Verhältnis $N:P_2O_5:K_2O$, kurz N-P-K-Verhältnis. Für Wintergartenpflanzen empfiehlt sich ausschließlich Dünger mit einem ausgeglichenen Nährstoffverhältnis (zum Beispiel N:P:K = 14:8:5).

Organische Dünger

Sie bestehen aus Knochen- oder Blutmehl, Rizinusschrot, Hornspänen, Fischmehl, Rapsschrot u.a. Organische Dünger sind in fester und flüssiger Form erhältlich. Zur Ernährung für Kübelpflanzen lassen sie sich allerdings nur bedingt einsetzen. Ihre Wirkstoffe müssen in der Erde erst von Mikroorganismen aufgeschlossen werden, damit die Pflanze sie aufnehmen kann. Ein Nährstoffmangel läßt sich deshalb nur langsam beheben. Zur Beseitigung eines akuten Nährstoffdefizits eignet sich organischer Dünger überhaupt nicht.

Langzeitdünger

Langzeitdünger sichern die notwendige Nährstoffzufuhr über einige Monate hinweg, ohne Pflanzenschäden durch zu hohen Salzgehalt im Substrat zu verursachen. Es werden zwei Typen Langzeitdünger unterschieden. Der eine Typ ist von einer Kunststoffhülle umgeben, durch die kontinuierlich in einem Strom alle Nährstoffe fließen (zum Beispiel Osmocote, Ferticote), beim zweiten Typ ist der Stickstoff als Harnstoff-Kondensat enthalten (zum Beispiel Plantosan oder Triabon), so daß er erst nach einem chemischen Umwandlungsprozeß freiwird. Langzeitdünger gibt es in Form von Stäbchen und Kegeln, die in das Substrat gesteckt werden oder als schwerlösliche Granulate, die man beim Einpflanzen der Erde beimischt.

Spurenelementdünger

Sie sind für das Wachstum ebenso wichtig wie die Hauptnährstoffe, ein Mangel kann die Pflanze in ihrer Entwicklung schwer beeinträchtigen. Die unterschiedlichen Mangelerscheinungen muß man ganz gezielt angehen. Was das Erkennen der Ursachen und deren Behebung angeht, so ist der Laie oftmals überfordert. Es empfiehlt sich deshalb, den Fachmann um Rat und Hilfe zu bitten.
Es stehen Einzelspurenelement-Dünger zur Verfügung, mit denen man den offenkundigen Mangel an einem bestimmten Spurenelement ausgleichen kann. Spurenelement-Volldünger lassen sich dann einsetzen, wenn man nicht weiß, welcher Nährstoff oder welches Spurenelement der Pflanze fehlt. In solchen Kombinationsprodukten sind in der Regel Eisen, Kupfer, Mangan und Molybdän besonders betont und der Gehalt an Bor und Zink geringer bemessen.

Üppiges Grün und leuchtende Blütenfülle sind nicht zuletzt das Ergebnis einer gut dosierten Düngung.

Richtig düngen

Bei der Düngung der Pflanzen ist neben Erfahrung auch ein gewisses »Fingerspitzengefühl« nötig. Denn eine falsch dosierte oder zu häufige Nährstoffzufuhr fügt der Pflanze Schaden zu, der häufig irreparabel ist. Um dies zu vermeiden, nachfolgend einige Düngeregeln:

- Neue oder überwinterte und danach umgetopfte Pflanzen erstmals nach 4 bis 6 Wochen düngen.
- Überwinterte, nicht umgetopfte Pflanzen erst düngen, wenn sie kräftig treiben.
- Nie bei trockenem Substrat düngen, da sonst die Düngerlösung nicht gleichmäßig verteilt wird und die Wurzeln verbrennen können.
- Düngerlösung rund um den Ballen ausbringen, damit sie sich gut verteilt.
- Pflanze nicht mit der Düngerlösung benetzen.
- Frisch in Fertigsubstrat getopfte Pflanzen zwei Wochen nicht düngen, da dieses bereits aufgedüngt ist.
- Kübelpflanzen mit normalem Nährstoffbedarf 14tägig düngen. Ist wöchentliche Düngung erforderlich, die Konzentration der Düngerlösung halbieren.
- Bei Langzeitdüngern das Substrat gleichmäßig feucht halten. Nach dem Umtopfen erstmals nach 10 Wochen düngen.
- Bei Gehölzen Düngung Ende August einstellen, damit das Holz ausreifen kann. Im Winter nicht düngen.
- Nur Winterblüher bis nach der Blüte weiterdüngen. Danach 4 Wochen Pause machen.
- Besser einmal zuwenig als einmal zuviel düngen. Sicheres Anzeichen für Überdüngung ist das Abwerfen der noch grünen Blätter.

tip *Erste Hilfe bei Überdüngung: Pflanze austopfen und den Ballen vorsichtig auflockern. Abgestorbene, schwarze Wurzelteile abschneiden. Die Pflanze in frische, ungedüngte (!) Aussaaterde setzen und mäßig gießen. An einen Platz stellen, der nicht der prallen Sonne ausgesetzt ist. Warten, bis sich neue Wurzeln gebildet haben und das Sustrat gut durchwurzelt ist. Dann umtopfen.*

Wintergarten-pflanzen schneiden

Da der Platz im Wintergarten beschränkt ist, müssen hier Gehölze häufiger als im Garten geschnitten werden. Kübelpflanzen, die nicht regelmäßig beschnitten werden, verkahlen, wachsen sparrig und werden zu groß. Manche Arten blühen sogar schlechter.

Rück- und Auslichtungsschnitt

Bei Kübelpflanzen sind Rück- und Auslichtungsschnitt die wichtigsten Pflegeschnitte.
Rückschnitt ist vor allem bei Pflanzen wichtig, die zu einem sparrigen Wuchs neigen. Man entfernt vertrocknetes und abgestorbenes Holz und kürzt zu lange Triebe ein. Das regt den Neuaustrieb an und fördert einen kompakten Wuchs. Auslichtungsschnitt muß nahezu bei allen laubabwerfenden Gehölzen vorgenommen werden.
Man schneidet nach innen wachsende Äste heraus. Dadurch gelangen mehr Licht und Luft in das Astgerüst, und die Pflanze verkahlt nicht mehr von der Mitte aus.

Hochstämmchen mit einer kugelförmigen Krone sind eine beliebte Kunstform.

Ziehen von Hochstämmchen

Die Erziehung einer Pflanze zum Hochstämmchen ist nicht schwierig. Bei einer Jungpflanze wird der Haupttrieb mit einem Pflanzstab abgestützt und senkrecht nach oben geleitet. Alle vorhandenen und sich bildenden Seitentriebe werden entfernt. Hat der Leittrieb die gewünschte Höhe erreicht, werden die jungen, noch weichen Triebe entspitzt. Damit löst man das Wachstum der Seitentriebe innerhalb des Kronenbereichs aus. Durch wiederholtes Zurückschneiden dieser Seitentriebe entwickelt sich eine buschige und gut verzweigte Krone.

Wann und wie schneiden?

Je nach Art und Zweck des Schnitts ist der Zeitpunkt unterschiedlich.
Grundsätzlich gelten folgende Regeln: Alle blühenden Immergrünen werden unmittelbar nach der Blüte zurückgeschnitten. Bei den laubabwerfenden Gehölzen unterscheidet man zwischen Arten, die im Frühjahr und Arten, die im Sommer oder Herbst blühen. Die Frühjahrsblüher schneidet man gleich nach der Blüte zurück, später nur noch in Form. Der Rückschnitt bei den Sommer- oder Herbstblühern erfolgt im späten Herbst oder zeitigen Frühjahr.
Beim Schnitt geht man folgendermaßen vor:

- Immer oberhalb eines nach außen gerichteten Blattansatzes schneiden, so wachsen die neuen Triebe nach außen.
- Einen glatten Schnitt vornehmen, damit die Schnittränder nicht ausreißen.
- Schnittstelle mit Wundverschlußmittel (im Gartenfachhandel erhältlich) bestreichen, damit sich kein Krankheitsherd entwickeln kann.

tip *Bei jüngeren, noch weichen Trieben empfiehlt sich das Entspitzen oder Pinzieren. Man zwickt mit den Fingernägeln die weiche Triebspitze ab. Damit erreicht man eine bessere Verzweigung der Pflanze. Es verschiebt sich dadurch zwar die Blüte oder bleibt sogar aus. Im nächsten Jahr zeigt die Pflanze dafür eine Fülle von Blüten und einen buschigen Wuchs.*

Die Anzucht von Pflanzen durch Stecklinge ist mit etwas Aufwand verbunden, gelingt jedoch in der Regel.

Wintergartenpflanzen aus eigener Anzucht

Wer Lust am Experimentieren hat sowie über ausreichend Platz verfügt, kann seine Wintergartenpflanzen selbst heranziehen. Jungpflanzen heranwachsen zu sehen, macht nicht nur Freude, die eigene Anzucht spart auch Geld. Außerdem sind bei uns eine ganze Reihe exotischer Pflanzen nur über Samen im Spezialversand erhältlich. Liebhaber von Raritäten können auf diese Weise Pflanzen heranziehen, die es kaum zu kaufen gibt. Dies ist auf zwei Wegen möglich: durch generative Vermehrung (Anzucht aus Samen) oder durch vegetative Vermehrung (Anzucht durch Stecklinge oder Abmoosen).

Vermehrung durch Samen

Diese Vermehrungsmethode empfiehlt sich vor allem für Pflanzenliebhaber, die sich gerne mit ungewöhnlichen Arten umgeben. Der Aufwand ist zwar gering, man braucht jedoch viel Geduld:

- Große, harte Samen einige Tage in warmem Wasser quellen lassen.
- Große Samen am besten einzeln, kleine Samen nicht zu dicht in Schalen mit spezieller Anzuchterde geben, mit Erde bedecken und mit einer Sprühflasche anfeuchten.
- Die Saatschalen warm und hell aufstellen sowie immer feucht halten. Mit einer Glasscheibe abdecken oder Klarsichtfolie überziehen, diese jedoch häufig lüften, damit es nicht zu Pilzbefall kommt.
- Regelmäßig kontrollieren, ob das Substrat noch feucht ist, bei Bedarf besprühen.
- Haben die Samen gekeimt, die Keimlinge vorsichtig jeweils einzeln in einen Topf zur Anzucht umpflanzen.
- Der beste Zeitpunkt für die Aussaat ist das Frühjahr.

Vermehrung durch Stecklinge

Die meisten Kübelpflanzen lassen sich leicht durch Stecklinge vermehren. Man unterscheidet Kopf-, Teil-, Stamm- und Blattstecklinge. Am häufigsten verwendet man Kopfstecklinge aus den jungen, weichen Triebspitzen, und so geht man vor:

- Eine etwa 20 cm lange Triebspitze schräg dicht unterhalb eines Blattpaares abschneiden.
- Die untersten Blätter entfernen, am Steckling sollen noch 2 bis 4 Blattpaare sitzen.
- Den Steckling in ein Gefäß mit Vermehrungssubstrat stecken, das unterste Blattpaar bleibt knapp über der Erde. Angießen.
- Mit Holzstäbchen oder Drahtbögen ein kleines Gerüst um den Steckling herum bauen, mit einer Folie überziehen.
- Der Steckling hat Wurzeln geschlagen, wenn sich neue Triebspitzen oder Blättchen zeigen. Die Jungpflanze sukzessive belüften und an die Außenluft gewöhnen.
- Der beste Zeitpunkt für die Stecklingsvermehrung ist der Frühsommer, sie kann bei vielen Arten aber auch ganzjährig vorgenommen werden.

Der beste Zeitpunkt für die Stecklingsvermehrung ist das Frühjahr.

Abmoosen

Vor allem bei großen Pflanzen erweist sich diese Vermehrungsmethode als recht zuverlässig. So geht man vor:

- Man verwendet einen reich beblätterten oberen Teil einer Pflanze und schneidet den Trieb oder Stamm unter einer Blattachsel bis fast zur Mitte schräg nach oben ein.
- Die Schnittstelle wird durch ein eingeklemmtes Hölzchen oder einen Stein offengehalten.
- Unterhalb der Schnittstelle bindet man eine Plastikfolie so um den Trieb, daß sie eine Tüte formt.
- Die Folientüte wird mit angefeuchtetem Torfmoos gefüllt und oberhalb der Schnittstelle wieder zugebunden.
- Sobald sich an der Schnittstelle ein kleiner Wurzelballen gebildet hat, wird die Folie entfernt, der Trieb unterhalb des neuen Wurzelballens abgeschnitten und wieder eingepflanzt.
- Der günstigste Zeitpunkt für das Abmoosen ist am Beginn der Vegetationszeit, das ist in der Regel im Frühjahr.

Über den Steckling wird eine Folienhaube gesetzt.

Anzuchtkästen

Ob Samen, Stecklinge oder Jungpflanzen in einfachen Behältern oder aufwendigen Konstruktionen weiterkultiviert werden, ist gleich, sie müssen nur bestimmte Voraussetzungen erfüllen wie:

- Wärme und Luftfeuchtigkeit halten
- Vor Verdunstung schützen
- Licht durchlassen, aber vor praller Sonne schützen

Neben der selbstgebauten Saatschale mit Abdeckscheibe oder dem Blumentopf mit Folienhaube bieten spezielle Anzuchtkästen die beste Lösung. Diese kleinen Minigewächshäuser verfügen über eine thermostatisch geregelte Bodenheizung, eine abnehmbare Haube oder Schiebevorrichtungen, Lüftung und Belichtung. Solch ein Vermehrungskasten läßt sich mit einer Kunststoffschale oder einem Holzkasten auch selbst herstellen und ist voll funktionsfähig, wenn er folgende Bedingungen erfüllt:

- Ein in Sand verlegtes Spezialkabel verbessert Bodenwärme (im Fachhandel erhältlich). Für Keimung und Wurzelbildung werden für Boden und Luft mindestens 18 °C, bei tropischen Arten um 25 °C benötigt.
- Licht, Luftfeuchte und Verdunstungsschutz sind durch eine dicht verschließbare, durchsichtige Haube oder festsitzende Folie gewährleistet.
- Luftzufuhr wird durch Luftklappen oder dazwischengesteckte Keile ermöglicht.

Die Feuchtigkeit im Anzuchtkasten muß laufend kontrolliert werden. Die Stecklinge werden nicht angegossen, sondern nur in angefeuchtetes Substrat gesetzt. Saatgut und Stecklinge werden immer nur leicht und möglichst morgens besprüht.

Bei Spinnmilbenbefall wirken die Blattoberseiten hell gesprenkelt.

Pflanzenschutz im Wintergarten

Ein ungünstiges Wintergartenklima, der falsche Standort (zu schattig oder zu sonnig) und Pflegefehler können bei den Pflanzen die unterschiedlichsten Schädigungen hervorrufen. Meist zeigen sie sich an einer Verfärbung der Blätter, sie werden fleckig oder vergilben. Auch Kümmerwuchs, Blattfall, das Abstoßen von Blüten oder deren Knospen lassen sich auf standort- und pflegebedingte Ursachen zurückführen.
Das Welken von Pflanzen kann vielfältige Gründe haben. Neben Wassermangel und ungünstigen Temperaturen kommen dafür auch Pilzerkrankungen in Frage. Zahlreiche Krankheitssymptome werden auch durch tierische Schädlinge ausgelöst.
Das Erkennen einer Schadensursache ist nicht immer leicht. Kann man die Ursache nicht klären, empfiehlt es sich, Rat bzw. Auskunft beim Gärtner oder beim Informationsdienst der Pflanzenschutzämter und ihrer Bezirksstellen zu holen.

Übermäßige Sonneneinstrahlung kann zu Blattverbrennungen führen.

Pflegefehler

Eine Pflanze wird nicht allein durch die Anwesenheit eines Parasiten krank. In vielen Fällen macht der schlechte Zustand der Pflanze sie für einen Befall anfällig. Verschiedene äußere Einflüsse wie schlechte Ernährung, Überdüngung, Trockenheit, übermäßige Nässe, Lichtmangel, ungünstige Temperaturen etc. können diesen Zustand herbeiführen.
Wassermangel löst bei den Pflanzen Laubfall oder Spitzendürre aus. Ist der Ballen zu trocken, vertrocknen die Blätter, fallen die Blüten und Knospen ab, und schließlich geht die Pflanze ein. Die gleichen Symptome zeigen Pflanzen aber auch bei **Staunässe**. Das Substrat wird nicht mehr ausreichend durchlüftet, die Wurzeln können nicht mehr gut atmen. Bei Sauerstoffmangel entwickeln sich schädliche Stoffe, die Pflanzen welken und können absterben.
Nährstoffmangel läßt Pflanzen kümmern. Bei zu hohen Düngergaben wird ihr Gewebe schwammig. Erstes Anzeichen für einen zu hohen Salzgehalt im Substrat ist ein Absterben der Blattränder (Nekrosen).
Trockene Luft läßt die Blätter vergilben, vertrocknen oder abfallen. Außerdem nisten sich gerne tierische Schädlinge wie zum Beispiel Spinnmilben ein.
Übermäßige Sonneneinstrahlung kann vor allem hinter Glas zu einer starken Erwärmung führen. Die Pflanzen reagieren darauf mit einer gelblichen Verfärbung oder zeigen direkte Verbrennungen auf dem Laub.

Beim Falschen Mehltau zeigen sich auf der Blattoberseite hellgelbe Flecken.

Echter und Falscher Mehltau

Beim Echten Mehltau sind die Blätter beidseitig mit einem weißlichen, mehlartigen Belag bedeckt, der sich abwischen läßt. Bei starkem Befall färben sich die erkrankten Pflanzenteile braun und sterben ab.
Falscher Mehltau zeigt sich als weißgrauer Schimmelrasen auf der Unterseite der Blätter und mit hell- bis dunkelgelben Flecken auf der Oberseite. Stark erkrankte Pflanzenteile vertrocknen und sterben ab.
Hilfe: Kranke Blätter und Pflanzenteile entfernen und vernichten. Mit Schachtelhalmbrühe Blätter besprühen und Pflanze gießen.

tip *Schachtelhalmbrühe bereitet man nach folgendem Rezept zu: 500 g frischen oder 150 g getrockneten Ackerschachtelhalm (Zinnkraut) in 5 l Wasser etwa 24 Stunden einweichen, dann 1/2 Stunde köcheln. Abkühlen lassen, absieben und die Brühe 1:5 mit Wasser verdünnen.*

Grauschimmel

An Blättern, Blüten und Stengeln der Pflanzen bilden sich braunfaule, mit weißgrauem Schimmel überzogene Flecken. Grauschimmel befällt vorzugsweise junge und geschwächte, insbesondere schlecht ernährte Pflanzen. Hohe Luftfeuchtigkeit und geringe Luftbewegung begünstigen die Entwicklung dieses Pilzes.
Hilfe: Kranke Pflanzenteile entfernen und vernichten. Pflanzen trockener und luftiger halten. Nicht einseitig (stickstoffbetont) düngen.

Rußtau

Dieser Pilzbefall zeigt sich als mehr oder weniger dichter, tiefschwarzer Belag auf den Blättern und Stengeln der Pflanzen. Das Auftreten dieser Pilzerkrankung ist an das Vorkommen von Honigtau gebunden. So bezeichnet man die zuckerreichen Säfte, die von Blatt- Schildläusen und Weißer Fliege ausgeschieden werden. Die Rußtaupilze siedeln sich auf dem Honigtau an, dringen dabei aber nicht in das Pflanzengewebe selbst ein. Die Schädigung der Pflanze liegt in der verminderten Assimilationsfähigkeit und an dem unschönen Aussehen.
Hilfe: Schwach verschmutzte Blätter mit lauwarmem Wasser abwaschen, stark verschmutzte Blätter entfernen. Tierische Schädlinge beseitigen.

Blattläuse

Diese Insekten saugen an Blättern, Trieben, Triebspitzen und Blüten, einige Arten sogar an den Wurzeln der Pflanzen. Die Blätter kräuseln sich, auf der Unterseite und an den Trieben sitzen oft ganze Blattlauskolonien. Die befallenen Pflanzenteile sind von einem klebrigen Film (Honigtau) überzogen. Es kommt zu Wachstumsstörungen und später zum Absterben der Pflanze.
Hilfe: Mit Brennesselauszug oder Wermuttee sprühen. Auf Ameisen achten! Sie halten sich Blattläuse als »Milchkühe« und wehren deren natürliche Feinde (Marienkäfer, Florfliege) ab.

Rußtau

Dieses Blatt zeigt einen Befall mit Schildläusen und Rußtaupilzen.

Schild-, Woll- und Schmierläuse

Im Wintergarten zählen diese Läusearten zu den hartnäckigsten Schädlingen, die sich sehr schnell vermehren können. An einer Vielzahl von Zierpflanzen befallen sie Wurzelhals, Stengel, Blattachseln und Blattunterseiten. Mit ihren saugenden Mundwerkzeugen entziehen sie der Pflanze den Zellsaft. Die Blätter verfärben sich gelb und fallen bei starkem Befall ab. Schildläuse sind als kleine, schuppenförmige Schilde erkennbar, sie scheiden wie die Blattläuse Honigtau ab. Wolläuse haben keinen Schild, sondern ein mehlig feines, weißes Wachsgespinst auf ihrer Körperoberseite
Hilfe: Die Schilde abkratzen, Gespinste entfernen, Honigtau mit Rußtau abwischen. Mit Paraffinöl (im Handel als Spritzmittel Weißöl oder Promanal erhältlich) behandeln.

Weiße Fliege

Zwei Arten der Weißen Fliege treten im Wintergarten auf: die Gewächshaus-Mottenschildlaus und die Baumwoll-Mottenschildlaus. Der Befall ist leicht festzustellen, denn die erwachsenen Stadien (2 mm lange, geflügelte, mit weißem Wachsstaub bepuderte Insekten) fliegen sofort auf, wenn die Pflanzen angestoßen werden. Da ein Weibchen bis zu 350 Eier legen kann, kommt es häufig zu einer explosionsartigen Vermehrung. Aus den Eiern schlüpfen gelblich-grüne Larven, die sich an den Blattunterseiten festsetzen. Sowohl Larven als auch erwachsene Tiere schädigen die Pflanzen durch Entzug von Zellsaft und Ausscheidung von Honigtau. Die Blätter weisen gelbe Flecken auf und vergilben schließlich ganz.
Hilfe: Gelbtafeln oder Gelbstickern aufstellen, locken weiße Fliegen an.

Spinnmilben

Die etwa 0,5 mm großen, gelblichen, grünlichen oder rötlichen Tiere saugen an den einzelnen Pflanzenzellen. Der Befall ist zunächst an punktförmigen, weißlich-gelben Aufhellungen an der Blattoberseite zu erkennen. Diese weiten sich in kurzer Zeit zu größeren Flecken aus und führen schließlich zur Verfärbung und zum Abfallen der Blätter. Bei starkem Befall können auch Gespinste ganze Pflanzenteile überziehen.

tip *Brennesselauszug gegen Blattläuse wird nach folgendem Rezept zubereitet: 500 g frische Brennessel (vor der Blüte) in 5 l Wasser 24 Stunden ziehen lassen. Absieben, frisch und unverdünnt sprühen.*

Spinnmilben entwickeln sich bevorzugt bei trockener und warmer Luft.
Hilfe: Pflanzen kühler und schattiger stellen. Feucht halten, an heißen Tagen reichlich gießen. Mit lauwarmem Wasser abbrausen. Mit einem Mittel gegen Spinnmilben besprühen.

Biologische Schädlingsbekämpfung

Sie bedient sich der natürlichen Feinde der Schädlinge, die der Mensch als Nützlinge bezeichnet. Der Einsatz von Nützlingen (im Gartenfachhandel erhältlich) hat Vorteile:

- Man kann die Tiere mit der Hand aussetzen, braucht also keine technischen Hilfsmittel.
- Es lassen sich alle Wintergartenpflanzen behandeln, da es nicht zu Unverträglichkeiten kommen kann.
- Es besteht nicht die Gefahr, daß die Schädlinge resistent werden.
- Der bei Pflanzenschutzmitteln notwendige Anwenderschutz entfällt.
- Australischer Marienkäfer gegen Blatt-, Woll- und Schmierläuse.
- Schlupfwespe gegen Weiße Fliege.
- Florfliege und räuberische Gallmücken gegen Blattläuse.

Zu beachten ist allerdings, daß im Wintergarten eine Mindesttemperatur von 15 °C herrschen muß, damit sich die Nützlinge ausreichend vermehren können.

Aus der großen Vielfalt an Pflanzen die richtigen Arten für den Wintergarten auszuwählen verlangt Kenntnis und auch Fingerspitzengefühl.

Pflanzen für den Wintergarten

Die schönsten Kübelpflanzen im Portrait

Das ganze Jahr über in einem grünenden und blühenden Pflanzenparadies zu sitzen, ist der Wunschtraum vieler Wintergartenbesitzer. Damit dieser Traum auch in Erfüllung geht, bedarf es einer gut geplanten und gezielten Pflanzenauswahl, die sich in erster Linie nach den vorhandenen Gegebenheiten, d.h. der Temperatur, der Lichtverhältnisse und der Raumgröße richtet.

In einem ganzjährig bewohnbaren Wintergarten gedeihen Pflanzen sehr gut, die keine Ruhezeiten brauchen. Ein temperierter Wintergarten ist der ideale Standort für mediterrane Kübelpflanzen. Selbst für den kalten Wintergarten, in dem die Temperaturen auch kurzfristig unter die Frostgrenze fallen können, gibt es noch eine große Pflanzenauswahl.

Aufgrund der schwankenden Temperaturen im Wintergarten eignen sich vor allem Pflanzen aus Gebieten mit ausgeprägtem Jahreszeitenrhythmus.

Die richtige Pflanzenauswahl für den Wintergarten ist die Voraussetzung für gesundes Wachstum und Blütenfülle.

Üppiges Grün, prachtvolle Blüten

In einem Wintergarten können zwar auch alle im Zimmer zu haltenden Pflanzen untergebracht werden. In der Hauptsache wird man sich jedoch – um üppiges Grün und Blütenfülle zu haben – für mittelgroße bis große Kübelpflanzen entscheiden. Zum einen ist in der Regel für solch große Pflanzen im Haus kein Stellplatz vorhanden, zum anderen bietet der Wintergarten viel bessere Lichtverhältnisse. Denn durch das Glas kann Licht von oben und von den Seiten einfallen, was für das Wachstum und den Blütenansatz vieler tropischer und subtropischer Pflanzen unabdingbar ist.
Mit großen und kleinen, buschigen, steil in die Höhe wachsenden oder kletternden Kübelpflanzen läßt sich der Wintergarten nicht nur begrünen, es können auch Teilbereiche und Blickfänge geschaffen sowie Ruheplätze abgeschirmt werden.

tip *Vor Auswahl und Kauf der Pflanzen zeichnet man am besten in den Grundriß des Wintergartens ein, wo welche Pflanzen stehen sollen. Mit diesem Pflanzplan geht man in einen Gartenfachhandel oder eine Spezialgärtnerei und läßt sich dort bei der Auswahl beraten.*

Die richtige Pflanzenauswahl

Ein Wintergarten wird erst zur grünen Oase, wenn durch die richtige Pflanzenwahl die Voraussetzung für gesundes Wachstum und üppige Blüte geschaffen wird. Die Freude am Wintergarten vergeht schnell, wenn falsch gewählte Pflanzen dann von Krankheiten und Schädlingen befallen werden, Wachstumsstörungen zeigen und nicht zur Blüte kommen.
Es gibt für jeden Standort, warm, temperiert oder kalt, sonnig, hell oder halbschattig, luftfeucht oder lufttrocken geeignete Pflanzen – man muß nur wissen welche. Die Artenauswahl hat sich in jedem Fall nach dem Wintergarten-Typ zu richten. Das betrifft in erster Linie die winterlichen Temperaturverhältnisse, aber auch Licht und Luftfeuchtigkeit spielen eine entscheidende Rolle. Dabei ist zu beachten, daß der Lichteinfall nicht an allen Stellen im Wintergarten gleich ist. Je näher die Pflanze am Fenster steht, desto mehr Licht bekommt sie ab, muß im Sommer sogar oftmals vor direkter Sonneneinstrahlung geschützt werden. Die Luftfeuchtigkeit hängt sehr stark von der Raumtemperatur und der Belüftung ab.

Es gibt für jeden Standort, ob warm, temperiert oder kalt, sonnig oder schattig, geeignete Pflanzen.

Hinweise zum Portraitteil

Es gibt unzählige Pflanzen, die sich für den Wintergarten eignen. Im folgenden Kapitel werden nur größer werdende grüne und blühende Kübelpflanzen beschrieben. Auch hier ist die Auswahl sehr groß. Aus Platzgründen können jedoch nur die am häufigsten im Handel erhältlichen Arten aufgeführt werden.
Die Pflanzen sind nach ihrem wissenschaftlichen Namen, der allgemeingültig ist, von A bis Z geordnet. Pro Seite wird eine Gattung oder Art in Wort und Bild vorgestellt. Ein einleitender Text bei den Bildern *(kursiv)* beschreibt das Aussehen der Pflanze. Der darunterstehende Steckbrieftext gliedert sich folgendermaßen:

- **Blütezeit:** Wann hat die Pflanze ihre Hauptblütezeit?
- **Standort:** Welche Licht- und Temperaturansprüche hat die Pflanze?
- **Gießen:** Wieviel Wasser benötigt die Pflanze für ein gesundes Wachstum?
- **Düngen:** Wie oft und wieviel muß gedüngt werden?
- **Pflegen:** Welche weiteren Pflegemaßnahmen sind notwendig?
- **Vermehren:** Wie und wann kann die Pflanze vermehrt werden?
- **Schädlinge und Krankheiten:** Welches sind die häufigsten Pflegefehler, Krankheiten oder Schädlinge?
- **Weitere Arten:** Welche anderen Arten kommen noch in Frage? Welche Sorten gibt es?

- *Der grün unterlegte Text gibt weitere Informationen und Tips zur Kultur und Verwendung im Wintergarten.*

Die Symbole

Die Symbole
Pflanzenart
Blütenpflanze
Blattpflanze
Standortbedingungen
Pflanze verträgt volle Sonne.
Pflanze benötigt hellen Platz, verträgt jedoch keine direkte Sonne.
Pflanze gedeiht auch im Halbschatten.
Pflege
Vor allem zur Wachstumszeit reichlich gießen.
Regelmäßig gießen, Wurzelballen nur mäßig feucht halten.
Wenig gießen, Wurzelballen aber nicht austrocknen lassen.
In der Wachstumszeit wöchentlich gut düngen.
In der Wachstumszeit wöchentlich schwach oder alle 2 Wochen normal düngen.
In der Wachstumszeit einmal monatlich niedrig dosiert düngen.
Wintergartentyp
Für den warmen Wohn-Wintergarten
Für den winterkühlen Wintergarten

Der reichblühende Strauch aus den Tropen und Subtropen Südamerikas überzeugt durch seine Blühfreudigkeit. Die großen, glockenförmigen Blüten, deren zarte Blütenblätter in reizvollem Kontrast zu den kräftigen Staubbeuteln stehen, erscheinen bei guter Pflege das ganze Jahr über. Im Handel sind vor allem rot-, orange- oder gelbblühende Hybriden, die durch Kreuzung verschiedener Abutilon-Arten entstanden sind. Inzwischen gibt es auch schon gefülltblättrige Sorten.

Schönmalve *Abutilon*

Blütezeit: Ganzjährig.
Standort: Hell, jedoch vor praller Sonne geschützt und luftig; im Winter etwas kühler.
Gießen: Im Frühjahr und Sommer reichlich, in den Wintermonaten etwas weniger gießen. Staunässe und Ballentrockenheit unbedingt vermeiden.
Düngen: Von März bis Oktober wöchentlich, die übrige Zeit alle 3 Wochen düngen.
Pflegen: Gelbe Blätter und abgestorbene Blüten regelmäßig entfernen. Junge und sparrig werdende ältere Pflanzen sollten öfter entspitzt werden, damit sich die Pflanze besser verzweigt und mehr Blüten ansetzen kann. Zu groß gewordene Pflanzen können kräftig zurückgeschnitten werden, das regt den Neuaustrieb an.
Vermehren: Im Frühjahr Triebstecklinge abnehmen und im Vermehrungskasten anwurzeln lassen. Jungpflanzen öfter entspitzen, damit sich eine schöne, buschige Wuchsform entwickelt.
Schädlinge und Krankheiten: Bei zu trockener Luft siedeln sich gerne Weiße Fliege und Spinnmilben an. Bei mangelnder Nährstoffversorgung wird der Blütenansatz schlechter.
Weitere Arten: *A. megapotamicum* ist eine rankende Art mit gelb-roten Blüten.
A. pictum 'Thompsonii' trägt goldgelb marmorierte Blätter.

tip Die Schönmalve kann als Busch oder Hochstämmchen gezogen werden und wirkt sehr schön in verschiedenfarbiger Gruppierung. *A. megapotamicum* kann entweder als Ampel- oder als Kletterpflanze und damit als Raumteiler eingesetzt werden. Da die Pflanze ganzjährig blüht, sorgt sie im Wintergarten zu jeder Jahreszeit für Farbe.

Akazien sind Sträucher oder Bäume mit zarten, doppelt gefiederten, hellgrünen Blättern oder blattartig verbreiterten Blattstielen (Phyllodien), mit oder ohne Dornen und gelben, flaumigen Blüten, die in Ähren oder Büscheln zusammensitzen. Die Blütenzweige sind bei uns unter dem Namen »Mimosen« im Frühjahr als Schnittblumen bekannt.

Acacia Akazie

Blütezeit: März bis April.
Standort: Das ganze Jahr über sonnig und luftig; im Winter – um den Blütenansatz zu fördern – kühler stellen, jedoch nicht unter 10 °C.
Gießen: In den Sommermonaten gleichmäßig viel, im Winter etwas weniger gießen. Kalkfreies Wasser verwenden! Ballentrockenheit auf jeden Fall vermeiden.
Düngen: Vom Knospenansatz bis Ende August wöchentlich düngen.
Pflegen: Akazien neigen zu sparrigem Wuchs, sollten daher rechtzeitig beschnitten werden, denn zu starken Rückschnitt nimmt die Pflanze übel.
Vermehren: Durch Aussaat im feuchtwarmen Vermehrungskasten. Bei manchen Arten dauert die Keimung jedoch sehr lange.
Schädlinge und Krankheiten: Bei zu trockener Luft treten Spinnmilben auf. Eine Gelbfärbung der Blätter ist ein Zeichen dafür, daß zuviel Kalk im Boden oder im Gießwasser vorhanden ist.
Weitere Arten: Der Känguruhdorn *(A. armata)* ist ein buschiger, dicht verzweigter Strauch mit kantigen Zweigen, Phyllodien und zu Dornen umgewandelten Nebenblättern. Von der Silber-Akazie *(A. dealbata)* mit ihren langen, blaugrünen, doppelt gefiederten Blättern sind verschiedene reichblühende Sorten im Handel. Die Schwarzholz-Akazie *(A. melanoxylon)* wächst schmal-pyramidal und trägt echte Blätter und Phyllodien. Sie verträgt starken Rückschnitt sehr gut.

tip Akazien wirken durch ihre gefiederten Blätter und die zartgelben, flaumigen Blütenköpfchen sehr filigran. Sie sollten daher am besten einzeln stehen und genügend Platz um sich herum haben. In einem mediterranen Wintergarten dürfen diese Pflanzen nicht fehlen.

Die strauchförmig wachsende Scheinmalve wird etwa 1 m hoch und verzweigt sich reich. Ihre Qualität liegt in dem großen, lang andauernden Blütenreichtum, was ihr auch den Namen »Fleißiges Lieschen« einbrachte. Die zahlreichen kleinen, rosaroten Einzelblüten sitzen einzeln oder paarweise in den Blattachseln und überziehen den Strauch zur Blütezeit mit einem rosa Schleier, so daß die kleinen lanzettlichen Blätter kaum mehr zu sehen sind.

Scheinmalve *Anisodontea capensis*

Blütezeit: Juni bis September, bei guter Pflege auch das ganze Jahr über, dann jedoch nicht so üppig.
Standort: Sonnig; im Winter kühler, jedoch nicht unter 10 °C.
Gießen: In den Sommermonaten reichlich, im Winter nur mäßig gießen, Ballen jedoch nie austrocknen lassen.
Düngen: Von April bis Anfang Oktober wöchentlich düngen, den Rest des Jahres alle 3 – 4 Wochen.
Pflegen: Um eine ständige Nachblüte anzuregen, sollten abgeblühte Blüten regelmäßig ausgeschnitten werden. Im Frühjahr kräftig zurückschneiden, um den Neuaustrieb zu fördern und in gut durchlässige Erde umtopfen. Jungpflanzen eventuell im Sommer nochmals stutzen, um weitere Verzweigungen und Blütenansätze zu erreichen.
Vermehren: Im Frühsommer Kopfstecklinge abnehmen und hell, warm und gleichmäßig feucht anwurzeln lassen.
Schädlinge und Krankheiten: Bei Staunässe oder Ballentrockenheit fallen Blüten und Blätter ab. Mangelnde Nährstoffversorgung führt zu ungenügendem Blütenansatz. Bei zu trockener Luft Befall mit Blattläusen oder Weißer Fliege.
Weitere Arten: Von den 20 südafrikanischen *Anisodontea*-Arten ist nur die Scheinmalve, ihrer Herkunft wegen auch Kap-Malve genannt, in Kultur.

tip Die Scheinmalve ist als reichverzweigter Busch, Hochstämmchen oder in Pyramidenform im Handel oder kann als Jungpflanze zu einer dieser Formen erzogen werden. Zur Blütezeit sollte sie unbedingt einzeln stehen, damit ihre Blütenpracht richtig zur Geltung kommt. Kleinere Pflanzen am besten erhöht aufstellen. Diese Art paßt in einen mediterranen Wintergarten und sorgt für Farbe.

Die von den Norfolk-Inseln stammende Araucaria-Art wird in der Natur ein bis zu 65 m hoher Baum, erreicht in Kultur aber meist nur eine Höhe von 1,5 m. Das Besondere an dieser Blattpflanze ist die symmetrisch aufgebaute Wuchsform mit den waagerecht abstehenden Zweigen, die dicht mit nadelartigen, sattgrünen Blättchen besetzt sind.

Araucaria **Zimmertanne**

Blütezeit: Blüht in Kultur nicht.
Standort: Ganzjährig sehr hell, jedoch vor praller Sonne geschützt, und luftig; im Winter kühl bei 5 – 10 °C.
Gießen: Gleichmäßig feucht halten. Kalkarmes Wasser verwenden! Je kühler der Standort, desto weniger gießen.
Düngen: Vom Frühjahr bis Herbstanfang wöchentlich schwach düngen.
Pflegen: Kleinere Pflanzen alle 2 – 3 Jahre umtopfen, ältere in noch größerem Zeitabstand. Beim Umtopfen darauf achten, daß der Stamm nicht tiefer als bis zum Wurzelansatz in die Erde kommt. Öfter einmal mit kalkfreiem Wasser besprühen.
Vermehren: Im Winter durch Kopfstecklinge, die etwa 4 cm unterhalb eines Astquirls abgenommen und im geschlossenen Vermehrungskasten angezogen werden.
Schädlinge und Krankheiten: Bei zu großer Wärme und mangelnder Belüftung hängen die Seitenäste herab, und die Blätter fallen ab. Bei zu trockener Luft treten Woll- und Schildläuse auf.
Weitere Arten: Im Handel sind viele durch Auslese entstandene Sorten, z. B. 'Compacta', 'Glauca', 'Gracilis', 'Silver Star'.
Die Chilenische Araukarie *(A. araucana)* besitzt stachelspitze Blätter und bildet eine stumpf-kegelförmige Krone aus. Sie benötigt sehr viel Platz, so daß sich nur Jungpflanzen zur Kübelhaltung anbieten.

tip Die Zimmertanne ist eine Solitärpflanze, die viel Freiraum und gleichmäßige Helligkeit von allen Seiten benötigt, um ihre typische Wuchsform gut ausbilden zu können. Auffällig wirken locker gruppierte, verschieden hohe Pflanzen, die ein schönes Grün zeigen, trotzdem aber nicht erdrückend wirken.

Der im Mittelmeergebiet und auf den Kanarischen Inseln heimische Erdbeerbaum ist eine attraktive, immergrüne Kübelpflanze, die sowohl blütenlos mit den rötlichen Zweigen und den lorbeerähnlichen Blättern, als auch blühend oder fruchtend eine Zierde ist.
Die kugeligen oder urnenförmigen, weißen bis hellrosa Blüten sitzen in büscheligen, meist überhängenden Rispen am Ende der Zweige. Die erdbeerähnlichen Früchte sind zunächst gelb, werden aber mit zunehmender Reife scharlachrot.
Sie sind eßbar, aber nicht besonders wohlschmeckend.

Erdbeerbaum *Arbutus unedo*

tip Der Erdbeerbaum sollte als Solitärpflanze gehalten werden, damit seine Schönheit, mit oder ohne Blüten, voll zur Geltung kommt. Seiner Herkunft wegen gehört er auf jeden Fall in einen Wintergarten im südländischen Stil.

Blütezeit: November bis März, gleichzeitig auch Fruchtreife.
Standort: Sonnig, im Sommer jedoch vor praller Sonne geschützt und luftig. Im Winter kühler stellen, nicht über 15 °C.
Gießen: Zur Wachstumszeit reichlich gießen, Staunässe jedoch vermeiden, sonst mäßig feucht halten und nie austrocknen lassen. Kalkfreies Wasser verwenden!
Düngen: Im Frühjahr und Sommer wöchentlich düngen.
Pflegen: Bei Bedarf im Frühjahr vor dem Neuaustrieb umtopfen. Zu groß gewordene Pflanzen vorsichtig stutzen, nicht zuviel auf einmal zurückschneiden.
Vermehren: Durch Kopfstecklinge im Vermehrungskasten. Schon junge Pflanzen blühen und fruchten.
Schädlinge und Krankheiten: Bei zu trockener, stehender Luft siedeln sich Spinnmilben an, und es kommt zu schlechtem Blütenansatz.
Weitere Arten: Die Sorte *A. unedo* 'Rubra' trägt rote Blüten.
A. andrachne blüht im März und April. Ihre Früchte sind orangerot.

Dieser kleine, immergrüne, 60–120 cm hoch werdende Strauch ist vor allem zur Zeit der Fruchtreife ein Blickfang – dann nämlich schmückt er sich mit zahllosen kugelrunden, leuchtend korallenroten Früchten, die in starkem Kontrast zu den dunkelgrünen, schmal-elliptischen Blättern stehen. Die Früchte bleiben oftmals bis zur nächsten Blüte an der Pflanze.
Eine Besonderheit sind die knotenförmigen Verdickungen, die am Rand der krausgewellten Blätter sitzen. In ihnen leben Bakterien, die das Wachstum der Pflanze beeinflussen – entfernt man diese Knötchen, treten Wachstumshemmungen auf.

Ardisia crenata Spitzblume

Blütezeit: Sommer.
Standort: Sonnig, jedoch im Frühjahr und Sommer vor praller Sonne schützen; im Winter etwas kühler bei 15–18 °C. Für hohe Luftfeuchtigkeit sorgen!
Gießen: Ganzjährig mäßig, aber gleichmäßig gießen und viel sprühen.
Düngen: Im Sommer wöchentlich düngen, im Winter Düngen einstellen.
Pflegen: Nach Bedarf im Frühjahr umtopfen. Viel sprühen, um guten Fruchtansatz zu erzielen. Die Pflanze verzweigt sich regelmäßig, so daß Stutzen nicht nötig ist.
Vermehren: Durch Kopfstecklinge im Vermehrungskasten.
Schädlinge und Krankheiten: Wachstumsschäden durch zu feuchte Erde bei zu niedriger Temperatur.
Weitere Arten: *A. malouiana* stammt aus Borneo und zeichnet sich durch samtig-dunkelgrüne Blätter mit weißlichem Mittelband aus. Diese Art braucht es sehr warm und luftfeucht.

tip Da die Ardisie sich auf dünnem Stamm emporhebt, ist im Pflanzgefäß sehr viel »nacktes« Substrat zu sehen. Hier kann mit einer Abdeckung aus farblich passenden roten Glasmurmeln oder einer Unterpflanzung mit einem Bodendecker Abhilfe geschaffen werden. Ein Pflanzgefäß in Farbe der Früchte läßt die fruchtende Ardisie überall im Wintergarten zu einem leuchtenden Farbtupfer werden.

Die Betelnußpalme ist eine langsam wachsende Palmenart mit schlankem, säulenförmigem, grünem Stamm, der ringelförmig genarbt ist. Die sattgrünen Wedel verändern sich mit zunehmendem Alter und geben der Pflanze ein ganz anderes Erscheinungsbild: Bei Jungpflanzen bilden sie zunächst ein V-förmiges Blatt, im Alter fiedern sie sich kammförmig auf.

In ihrer Heimat, dem Malaiischen Archipel, wird die Betelnußpalme 10–30 m hoch und ist eine der wichtigsten Kulturpflanzen. Das Innere ihrer Frucht, der Betelnuß, enthält eine narkotisierende Droge. In die Blätter der Pfefferpflanze eingewickelt wird der »Betelpriem« solange gekaut, bis der rötliche Saft heraustritt und seine belebende Wirkung ausübt.

Betelnußpalme *Areca catechu*

tip Die Betelnußpalme ist eine auffällige Solitärpflanze, die sich jedoch sehr gut mit anderen Palmen im Wintergarten kombinieren läßt und Tropenatmosphäre vermittelt.

Blütezeit: Blüht in Kultur kaum.
Standort: Ganzjährig hell, warm (über 20 °C) und luftfeucht.
Gießen: Das ganze Jahr über gleichmäßig feucht halten. Staunässe vermeiden!
Düngen: Von April bis September wöchentlich schwach düngen, im Winter nur alle 2–3 Wochen.
Pflegen: Bei Bedarf im Frühjahr umtopfen. Für hohe Luftfeuchtigkeit sorgen (öfter besprühen).
Vermehren: Durch Aussaat im feuchtwarmen Vermehrungskasten. Die Keimzeit beträgt etwa 2–3 Monate.

Schädlinge und Krankheiten: Wurzelfäule bei zu kühlem, nassem Standort. Wachstumsstörungen bei zu trockener Luft.
Weitere Arten: Im Handel findet man immer wieder einmal auch die einstämmige *A. triandra* aus Indien oder die mehrstämmige *A. aliciae* aus Queensland.

Aukuben sind immergrüne, 2–3 m hohe Sträucher mit elliptischen bis eiförmigen, ledrigen Blättern und kleinen, rötlichen Blüten, die in endständigen Rispen zusammengefaßt sind. Die Pflanzen sind zweihäusig, d.h. es gibt Pflanzen, die nur männliche und Pflanzen, die nur weibliche Blüten tragen. Befruchtete weibliche Pflanzen bilden kleine scharlachrote Früchte aus.

Aucuba **Goldorange**

Blütezeit: März bis April.
Standort: Ganzjährig hell, jedoch nicht sonnig, luftig; im Winter kühler halten (ca. 8 °C).
Gießen: Je höher die Temperatur, desto mehr muß gegossen werden. Gleichmäßig feucht halten. Im Winter weniger gießen, Ballen jedoch nie ganz austrocknen lassen.
Düngen: Von März bis September wöchentlich schwach düngen.
Pflegen: Jungpflanzen im Frühjahr umtopfen (nicht zu große Gefäße verwenden); ältere Pflanzen nur noch alle 2–3 Jahre umtopfen. Zu groß gewordene Exemplare vertragen auch einen kräftigen Rückschnitt.
Vermehren: Im Frühjahr oder Sommer durch Triebstecklinge, die leicht anwurzeln. Jungpflanzen öfter stutzen, um buschigen Wuchs zu erzielen.
Schädlinge und Krankheiten: Empfänglich für Schildläuse. In den Wintermonaten nicht zu warm oder zu dunkel stellen, da sonst Blattschäden auftreten (schwarze Flecken).
Weitere Arten: In Kultur sind außer den rein grünblättrigen Arten *A. japonica* und *A. himalaica* vor allem gelbgesäumte, punktierte oder gestreifte Kulturformen von *A. japonica*, wie 'Crotonifolia', 'Limbata', 'Picturata' oder 'Variegata'.

tip Die Goldorange oder Aukube wird mit den Jahren ein stattlicher Strauch, der viel Platz benötigt und durch seinen kompakten Wuchs dominierend wirkt.

Bougainvilleen sind eigentlich im tropischen und subtropischen Amerika beheimatet. Seit langem aber werden die unbewehrten oder dornigen Klettersträucher in allen südlichen Ländern angepflanzt und sind mit ihrer Farbenpracht und Blütenfülle aus Gärten, Parks und Anlagen nicht mehr wegzudenken. Die violetten, roten, orange- oder rosafarbenen, gelben und weißen »Blüten« sind jedoch gar keine, sondern farbig ausgebildete Hochblätter, die kleine unscheinbare, weiße Blütchen umgeben.

Bougainvillea *Bougainvillea glabra*

Blütezeit: April bis Juni.
Standort: Im Frühjahr und Sommer sonnig, warm und luftig; im Winter hell und kühler bei etwa 10 °C.
Gießen: Im Frühjahr mäßig, zur Blütezeit reichlich gießen, jedoch keine Staunässe verursachen; im Winter fast trocken halten, Ballen jedoch nicht vollständig austrocknen lassen.
Düngen: Ab Austrieb bis zum Herbst wöchentlich düngen.
Pflegen: Für ein stabiles Klettergerüst sorgen. Zu lang gewordene Triebe im Sommer stutzen, damit sich Seitentriebe bilden, die Blüten ansetzen. Im Herbst werfen die Pflanzen ihre Blätter ab, jetzt kräftig zurückschneiden. Jungpflanzen im Frühjahr umtopfen.
Vermehren: Im Sommer durch Kopfstecklinge im warmen Vermehrungskasten, ist jedoch nicht einfach.
Schädlinge und Krankheiten: Auf Blattläuse achten. Bei zu nasser Haltung färben sich die Blätter gelb. Bei zu warmer Überwinterung setzen keine Blüten an.
Weitere Arten: Von *B. glabra* gibt es eine ganze Reihe schön gefärbter Sorten für den Wintergarten, z. B. 'Alexandra', 'Sanderiana', 'Crimson Lake' oder 'Jamaica White'.
B. spectabilis trägt größere, stark behaarte Blätter, wird höher, ist jedoch nicht so blühwillig.

tip Bougainvilleen sollten mit ihrer Farbenpracht in keinem Wintergarten fehlen, gehören aber auf jeden Fall in einen mediterran gestalteten Wintergarten.

Die Verwendung des Australischen Flaschenbaumes als Zimmer- und Wintergartenpflanze beruht vor allem auf seiner ungewöhnlichen Wuchsform: Der Baum entwickelt einen stark verdickten Stamm auf stelzenförmigen, ineinander verschlungenen Wurzeln. Auf ein und derselben Pflanze können zwei verschiedene Blattarten wachsen: schmale ungeteilte und geteilte. Die Blätter sind graugrün und ledrig derb. Der verdickte Stamm dient der Pflanze als Wasserspeicher, was in seiner Heimat, dem ostaustralischen Queensland, lebensnotwendig ist.

Brachychiton rupestris **Australischer Flaschenbaum**

tip Der Australische Flaschenbaum braucht einen auffälligen Standort, damit seine Wuchsform auch gut zur Geltung kommt. Er gehört auf jeden Fall in einen tropisch gestalteten Wintergarten, paßt aber auch zu einem asiatischen Ambiente.

Blütezeit: Blüht in Kultur nicht.
Standort: Sonnig, warm und luftig; im Winter auch etwas kühler.
Gießen: Je höher die Temperatur, desto mehr gießen, generell jedoch eher trockener halten als zu feucht.
Düngen: Von März bis September einmal monatlich schwach düngen.
Pflegen: Bei vollständiger Durchwurzelung des Pflanzgefäßes im Frühjahr in gut durchlässiges Substrat umtopfen, nicht zu große Gefäße verwenden. Bei zu trockener Luft häufiger mit kalkfreiem Wasser besprühen.
Vermehren: Durch Kopfstecklinge, die im warmen Vermehrungskasten angezogen werden.
Schädlinge und Krankheiten: Bei zu warmem, dunklem Standort treten häufig Spinnmilben und Schildläuse auf. Staunässe, verbunden mit »kalten Füßen« verursacht schnell Wurzelfäule.
Weitere Arten: *B. acerifolia* bildet einen zylinderförmigen, dicken Stamm aus und trägt je nach Alter verschiedene Blattformen: Jung sind sie gelappt, älter ungeteilt und länglich.

Diese Blütenpflanze wirkt mit ihren traubigen Blütenständen aus gelben Einzelblütchen mit lang vorstehenden, leuchtendroten Staubblättern und den zarten, doppelt gefiederten Blättern sehr zerbrechlich und exotisch und macht ihrem Namen alle Ehre.

Paradiesvogelbusch *Caesalpinia gilliesii*

Blütezeit: Sommer.
Standort: Ganzjährig sonnig und luftig; im Winter ruhig etwas kühler, aber nicht unter 12 °C.
Gießen: Im Sommer bei höheren Temperaturen viel gießen, jedoch keine Staunässe aufkommen lassen. Im Winter, wenn die Pflanze die Blätter abwirft und die Temperaturen etwas kühler sind, weniger gießen, jedoch darauf achten, daß der Ballen nie ganz austrocknet.
Düngen: Von April bis September wöchentlich schwach düngen.
Pflegen: Bei Bedarf im Frühjahr in gut durchlässige Erde umtopfen. Um eine buschige Wuchsform zu erzielen, Jungpflanzen öfter stutzen und ältere Pflanzen auslichten. Ein kräftiger Rückschnitt sorgt für viele Neutriebe.
Vermehren: Durch Aussaat oder Kopfstecklinge im warm-feuchten Vermehrungskasten.
Schädlinge und Krankheiten: Zu trockene Luft erhöht die Gefahr von Spinnmilbenbefall.
Weitere Arten: Der Pfauenstrauch (*C. pulcherrima*) trägt rot-orange Blüten.

tip Sowohl Paradiesvogelbusch als auch Pfauenstrauch bringen durch ihre ungewöhnlichen Blüten im Sommer ein exotisches Flair in den Wintergarten und ziehen die Blicke auf sich.

Diese tropische immergrüne Kübelpflanze gehört zu den Blütenpflanzen, die zur Hauptblütezeit viel Rot in den Wintergarten bringen. Die Blüten erhalten durch ihre langen, glänzenden Staubblätter ein pinselförmiges, luftiges Aussehen, was ausgezeichnet zu den dünnen, überhängenden Zweigen und den hellgrünen, feingefiederten Blättern paßt.

Calliandra tweedii **Flammenbusch**

tip Der Flammenbusch sollte möglichst einzeln stehen, damit seine Zartheit auch voll zur Geltung kommt. Kleinere Pflanzen am besten etwas erhöht auf einer Pflanzsäule aufstellen, damit die Zweige gut überhängen können.

Blütezeit: Frühjahr bis Herbst.
Standort: Hell bis sonnig, warm und luftig; auch im Winter nicht unter 15 °C.
Gießen: Im Sommer regelmäßig feucht halten, im Winter bei niedrigen Temperaturen etwas weniger gießen. Staunässe wird ebenso wenig vertragen wie Ballentrockenheit.
Düngen: Von April bis August alle 14 Tage schwach düngen.
Pflegen: Bei Bedarf im Frühjahr in gut durchlässige Erde umtopfen. Jungpflanzen öfter stutzen, um buschigeren Wuchs zu erhalten, ältere Pflanzen alle paar Jahre auslichten oder stutzen, um einen unschönen sparrigen Wuchs zu vermeiden.
Vermehren: Durch Abnahme von Kopfstecklingen im Frühjahr, die im warmen, luftfeuchten Vermehrungskasten angewurzelt werden. Auch durch Aussaat, falls Saatgut im Handel ist.
Schädlinge und Krankheiten: Bei zu warmem Stand und trockener Luft können sich Spinnmilben, Blattläuse und Weiße Fliegen ansiedeln.
Weitere Arten: *C. haematfja* bringt lachsfarbene Blüten hervor, ist jedoch nicht sehr häufig im Handel.

Der immergrüne Strauch aus Australien, bekam seinen deutschen Namen aufgrund seiner roten Blütenähren, in denen die Einzelblüten mit ihren überlangen Staubfäden dichtgedrängt wie die Borsten eines Flaschen- oder Zylinderputzers angeordnet sind. Auch außerhalb der Blütezeit ist der recht schnellwachsende und bis 3 m hoch werdende Strauch mit seinen rötlichen Zweigen und den dunkelgrünen, ledrigen Blättchen eine ansehnliche Kübelpflanze mit hohem Zierwert im Wintergarten.

Zylinderputzer *Callistemon citrinus*

Blütezeit: Sommer.
Standort: Im Sommer sonnig, warm und luftig; im Winter hell, aber kühler, jedoch nicht unter 8 °C.
Gießen: Im Sommer reichlich, im Winter nur soviel gießen, daß der Wurzelballen nicht vollständig austrocknet. Stets lauwarmes, kalkfreies Wasser verwenden!
Düngen: Von Frühjahr bis Herbst alle 14 Tage schwach düngen. Keinen kalkhaltigen Dünger verwenden!
Pflegen: Bei Bedarf im Frühjahr umtopfen. Keine kalkhaltige Erde verwenden! Zu lang gewordene Triebe nach der Blüte zurückschneiden.
Vermehren: Von August bis März können Triebstecklinge abgenommen und im geschlossenen Vermehrungskasten bei ca. 20 °C bewurzelt werden. Jungpflanzen öfter stutzen.
Schädlinge und Krankheiten: Die Pflanze reagiert sehr empfindlich auf kalkhaltiges Wasser, kalkigen Boden und kalkhaltigen Dünger – gelbe Blätter sind ein erstes Anzeichen dafür. Bei zu warmem Winterstandort siedeln sich oftmals Schildläuse an.
Weitere Arten: Neben *C. citrinus* gibt es immer wieder andere Arten im Handel, die aber alle sehr schwer voneinander zu unterscheiden sind.

tip Der Zylinderputzer ist eine auffällige Blütenpflanze, die sehr gut zu mediterranen Kübelpflanzen paßt. Da schon Jungpflanzen reichlich blühen, kann man mit verschieden großen Pflanzen in Verbindung mit immergrünen Blattpflanzen sehr attraktive Gruppen arrangieren.

Die Kamelie ist eine sehr schöne Blütenpflanze, die auch einen angenehmen Duft verbreitet. Allerdings ist sie aufgrund ihres heimatlichen Vorkommens, in den feuchten Gebirgsregionen und küstennahen Wäldern Ostasiens, in der Haltung und Pflege etwas heikel. Die Blütenfarbe reicht von Reinweiß über Creme und Rosa bis Dunkelrot.

Camellia japonica **Kamelie**

Blütezeit: Je nach Sorte im Winter oder Frühjahr.
Standort: Ganzjährig sehr hell und luftig, im Frühjahr und Sommer auf jeden Fall vor praller Sonneneinstrahlung, vor allem um die Mittagszeit, schützen. Im Sommer warm, im Winter kühler und keinesfalls über 15 °C aufstellen.
Gießen: Bis zum Erscheinen der Blütenknospen gleichmäßig feucht halten, bei kühlerem Standort das Gießen der Temperatur anpassen. Bei Knospenansatz die Wassergaben etwas einschränken. Stets kalkfreies Wasser verwenden!
Düngen: Ab dem Neuaustrieb bis Anfang August wöchentlich schwach mit kalkfreiem Dünger versorgen.
Pflegen: Sommerliche Wärme, kein Standortwechsel und Einschränken des Gießens fördern den Blütenansatz. Zur Blütezeit durch häufigeres Sprühen mit kalkfreiem, lauwarmem Wasser für höhere Luftfeuchtigkeit sorgen. Nicht auf die Blüten sprühen. Bei Bedarf nach der Blüte in kalkfreies, gut durchlässiges Substrat umtopfen. Ein Zurückschneiden ist nicht notwendig, da die Pflanzen mit zunehmendem Alter eine immer schönere Wuchsform annehmen.
Vermehren: Vorzugsweise im August Kopfstecklinge mit 2–3 Blättern abnehmen und im warmen Vermehrungskasten bei ca. 20 °C bewurzeln lassen. Nach dem Anwurzeln die Pflänzchen kühl und luftig stellen.
Schädlinge und Krankheiten: Laubfall bei zu warmer Überwinterung. Knospenfall bei zu warmem, trockenem Standort oder Gießen mit zu hartem Wasser.
Weitere Arten: Von *C. japonica* gibt es eine große Sortenvielfalt mit einfachen und gefüllten, ein- oder zweifarbigen Blüten, die als Strauch oder Hochstämmchen im Handel sind.

tip Kamelien sind eine duftende Zierde für jeden Wintergarten und werden bei guter Pflege von Jahr zu Jahr üppiger im Wuchs und Blütenansatz.

Das Besondere an dieser Palmenart sind ihre doppelt-gefiederten, hellgrünen Wedel, deren einzelne Fiederblättchen am Ende gezähnt oder ausgefranst sind und der Schwanzflosse eines Fisches ähneln – was der Pflanze auch ihren deutschen Namen einbrachte. Die Fischschwanzpalme gehört zu den langsamwüchsigen und vielstämmigen Palmenarten. In ihrer Heimat, dem tropischen Südostasien erreicht die Pflanze eine Höhe von ungefähr 10 m; in Zimmerkultur bleibt sie eher strauchförmig.

Fischschwanzpalme *Caryota mitis*

Blütezeit: Blüht in Kultur kaum.
Standort: Ganzjährig hell, luftig und warm, jedoch vor praller Sonneneinstrahlung geschützt.
Gießen: Ganzjährig gleichmäßig feucht halten. Keinesfalls Staunässe verursachen oder den Ballen vollkommen austrocknen lassen.
Düngen: In den Sommermonaten alle 14 Tage schwach düngen.
Pflegen: Die Fischschwanzpalme wächst in ihrer Heimat als Unterholzpflanze im Regenwald, benötigt also eine hohe Luftfeuchtigkeit, die im Wintergarten durch häufiges Besprühen mit lauwarmem, kalkfreiem Wasser erreicht werden kann. Sobald das Pflanzgefäß gut durchwurzelt ist, im Frühjahr in ein etwas größeres Gefäß mit gut durchlässiger Erde umtopfen.
Vermehren: Ältere Pflanzen bilden Seitensprosse aus, die im Frühjahr zur Vermehrung abgenommen und in gut durchlässiges Substrat eingetopft werden können. Arten, die keine Ausläufer entwickeln, können durch Aussaat in den feucht-warmen Vermehrungskasten vermehrt werden. Keimzeit etwa 2 Monate.
Schädlinge und Krankheiten: Steht der Wurzelballen zu trocken oder zu naß, färben sich die Blattspitzen braun. Bei zu trockener, stehender Luft siedeln sich gerne Spinnmilben an.
Weitere Arten: *C. maxima* stammt aus Java und ähnelt im Aussehen sehr *C. mitis*, bildet allerdings keine Seitensprosse aus. Die Brennpalme *(C. urens)* kommt in Indien und auf dem Malaiischen Archipel vor. Sie wächst einstämmig und bildet ebenfalls keine Seitensprosse aus.

tip Die Fischwanzpalmen gehören zu den attraktivsten Palmenarten für den warmen Wintergarten, benötigen allerdings eine hohe Luftfeuchtigkeit und müssen daher mindestens einmal täglich gut eingenebelt werden.

Leuchtendes Gelb zieht mit der Blüte von Gewürzrinde (links) und Kerzenstrauch (rechts) in den Wintergarten ein. Die bis 3 m hoch werdende Gewürzrinde stammt aus Südamerika und trägt gefiederte, sattgrüne Blätter, über denen vom Sommer bis in den Winter hinein zahlreiche lang gestielte Doldentrauben aus sattgelben Einzelblüten stehen.

Cassia ccrymbosa **Gewürzrinde**

tip Die gelbblühenden Kassien sind attraktive Kübelpflanzen, die vor allem in einem winterkühlen Wintergarten reichen Blütenansatz tragen. Bei guter Pflege kann sich die Blütezeit über viele Monate erstrecken. Die Pflanzen brauchen viel Freiraum, um sich gut entwickeln und ihre volle Blütenpracht von allen Seiten zur Schau stellen zu können.

Blütezeit: Juli bis Oktober.
Standort: Ganzjährig sonnig und luftig. Im Frühjahr und Sommer jedoch vor praller Mittagssonne schützen. Sollte im Winter kühl (5–10 °C) stehen.
Gießen: Während der Wachstumszeit im Frühjahr und Sommer reichlich gießen, jedoch für guten Abfluß sorgen, damit keine Staunässe entstehen kann. In den Wintermonaten, bei kühlerem Stand, weniger gießen, Ballen jedoch nie ganz austrocknen lassen.
Düngen: Von April bis Oktober wöchentlich schwach düngen.
Pflegen: Bei Bedarf in nahrhafte, gut durchlässige Erde umtopfen. Jungpflanzen öfter stutzen, um eine buschige Wuchsform zu erzielen. Im Frühjahr ältere Pflanzen kräftig zurückschneiden, um einen guten Neuaustrieb und Blütenansatz zu fördern.
Vermehren: Aussaat bringt die besten Ergebnisse, aber auch eine Stecklingsvermehrung durch halbverholzte Kopfstecklinge im geschlossenen, nicht zu warmen und feuchten Vermehrungskasten ist möglich.
Schädlinge und Krankheiten: Neutriebe werden gerne von Blattläusen befallen. Bei zu kühlem und nassem Stand tritt schnell Wurzelfäule auf.
Weitere Arten: Der Kerzenstrauch *(C. didymobotrya)* stammt aus dem tropischen Afrika. Er unterscheidet sich von den anderen *Cassia*-Arten durch kerzenförmige Blütenstände, die an den Triebenden sitzen und von unten nach oben erblühen.

Dieser interessante Fruchtstrauch stammt ursprünglich aus dem ostmediterranen Gebiet, wird aber seit langer Zeit schon in allen Mittelmeerländern kultiviert und sollte aus diesem Grund auch in keinem mediterran gestalteten Wintergarten fehlen.
Der üppige Strauch trägt dunkelgrün glänzende, gefiederte, lederartige Blätter und kleine, achselständige Blütentrauben, die am alten Holz erscheinen. Die Pflanze ist eingeschlechtlich, das heißt männliche und weibliche Blüten stehen an verschiedenen Sträuchern.
Weibliche Sträucher bringen große, eßbare Hülsenfrüchte, das sogenannte Johannisbrot, hervor.

Johannisbrotbaum *Ceratonia siliqua*

Blütezeit: Sommer.
Standort: Im Sommer vollsonnig, warm und luftig; im Winter hell und kühl, vor praller Sonneneinstrahlung zur Mittagszeit schützen.
Gießen: Ganzjährig mäßig feucht, eher etwas trockener halten. Wurzelballen vor dem nächsten Gießen antrocknen lassen. Zum Gießen kalkfreies Wasser verwenden.
Düngen: Vom Frühjahr bis in den Herbst hinein wöchentlich schwach düngen.
Pflegen: Bei Bedarf im Frühjahr in nährstoffreiche, gut durchlässige Erde umtopfen. Relativ großes Pflanzgefäß verwenden. Jungpflanzen öfter stutzen, damit sich die Pflanze reich verzweigt. Zu groß gewordene Pflanzen können kräftig zurückgeschnitten werden.
Vermehren: Leicht durch Aussaat zu vermehren.
Schädlinge und Krankheiten: Reagiert empfindlich auf »nasse Füße«, vor allem im kühlen Winterquartier und auf kalkhaltiges Wasser.
Weitere Arten: Der Johannisbrotbaum ist die einzige Art der Gattung *Ceratonia*.

tip Der reich verzweigte Wuchs und die glänzenden Blätter machen den Johannisbrotbaum zu einer auffälligen Blattpflanze, die keinesfalls versteckt in einer Ecke stehen sollte. Er gehört auf jeden Fall zu den Kübelpflanzen für den mediterranen Wintergarten.
Wer Früchte ernten will, muß auf jeden Fall eine männliche und eine weibliche Pflanze aufstellen.

Im winterkühlen Wintergarten sorgt der immergrüne Hammerstrauch mit seinen weiß-, gelb-, orange-, rot- und rosablühenden Arten und Sorten für langandauernde Blütenpracht im Sommer und Herbst. Die zierlichen Blüten stehen in dichten, vielblütigen Büscheln, Trauben oder Doldentrauben zwischen den lorbeerähnlichen Blättern. Auch die sich entwickelnden saftigen roten bis schwarzen Beerenfrüchte fallen schon von weitem ins Auge. Vorsicht, die Früchte sind giftig!

Cestrum Hammerstrauch

Blütezeit: Je nach Art von April bis Oktober.
Standort: Im Sommer sonnig und warm, im Winter hell und kühl – auf jeden Fall nicht wärmer als 10 °C. Vor praller Mittagssonne schützen und für gute Belüftung sorgen.
Gießen: Von April bis Oktober reichlich gießen, überschüssiges Wasser aber immer gut ablaufen lassen, so daß keine stauende Nässe entstehen kann. Im Winter nur soviel gießen, daß der Ballen nicht völlig austrocknet.
Düngen: Zur Wachstumszeit einmal die Woche gut düngen.
Pflegen: Bei Bedarf im Frühjahr in gut durchlässige, nährstoffreiche Erde umpflanzen. Jungpflanzen müssen öfter umgetopft werden, da der gut wachsende Strauch eine sehr große Wurzelbildung zeigt. Ältere Pflanzen im Spätwinter kräftig zurückschneiden, um einen reichen Neuaustrieb und damit viel Blütenansatz anzuregen.
Vermehren: Im Frühjahr krautige Stecklinge abnehmen und im warmen Vermehrungskasten bewurzeln lassen. Auch eine Aussaat ist möglich.
Schädlinge und Krankheiten: Bei ungenügender Belüftung siedeln sich rasch Weiße Fliege und Blattlaus an. Ungenügende Nährstoffzufuhr führt zu Gelbfärbung der Blätter und anschließendem Blattfall. Grauschimmel tritt bei zu dunklem, nassem Standort auf, vor allem bei stehender Luft.
Weitere Arten: Gelbe bis orangefarbene Blüten tragen *C aurantiacum* und *C. parqui*, rote Blüten *C. fasciculatum*, *C. nevellii* und *C. purpureum*. Die Blütenstände von *C. diurnum* sind leuchtend weiß.

tip Der Hammerstrauch ist sehr schnellwüchsig und kann im Kübel eine Höhe von 2 m mit entsprechendem Umfang erreichen, das bedeutet, daß er viel Platz zum ungestörten Wachstum benötigt.

Die Bergpalme ist eine der verbreitetsten Zimmerpalmen – und das hat seine Gründe: Sie ist langsamwüchsig und bleibt daher lange Zeit relativ klein. Ihr einstämmiger Wuchs und die hellgrünen, gefiederten Wedel verleihen der Pflanze ein graziles Aussehen. Da die Bergpalme bereits in jungen Jahren zu blühen beginnt, kann man auch im Wintergarten mit ihren blaßgelben Blüten und den orangeroten Früchten rechnen. Ein weiteres Plus: Die Pflanze gedeiht auch noch an einem halbschattigen Standort.

Bergpalme *Chamaedorea elegans*

tip Da Bergpalmen schon in frühester Jugend Blüten ausbilden, die zudem noch einen zarten Duft verströmen, sollten sie auf jeden Fall einen Platz im Wohn-Wintergarten bekommen. Sehr schön wirken Gruppen aus mehreren Bergpalmen, die zusammen in ein Beet oder einen Kasten gepflanzt werden – vor allem wenn sie verschiedenfarbige Blütenstände und Früchte tragen.

Blütezeit: Sommer.
Standort: Ganzjährig hell bis halbschattig und vor allem im Sommer vor praller Sonneneinstrahlung geschützt. Warm, aber luftig und bei hoher Luftfeuchtigkeit.
Gießen: Ganzjährig mäßig feucht halten, jedoch häufig mit kalkfreiem, lauwarmem Wasser besprühen.
Düngen: Von März bis Oktober wöchentlich schwach düngen.
Pflegen: Sehr pflegeleicht. Bei Bedarf im Frühjahr in nährstoffreiche, gut durchlässige Erde umsetzen.
Vermehren: Durch Aussaat im warmen Vermehrungskasten. Die Keimzeit kann jedoch sehr lange dauern und erfordert viel Geduld.
Schädlinge und Krankheiten: Bei zu trockener Luft vergilben die Blattspitzen, und der Befall mit Schädlingen (Weiße Fliege, Spinnmilben, Schildläuse) wird begünstigt.
Weitere Arten: Bergpalmen können in zwei Gruppen unterteilt werden: Arten mit gefiederten und Arten mit ungefiederten Blättern. Zu den ungefiederten Arten gehören die Metallische Bergpalme *(C. metallica)* mit graugrünen, metallisch glänzenden Wedeln, *C. ernesti-augusti* mit glänzendgrünen Wedeln und *C. tennella*, eine der kleinsten Palmenarten mit nur 10 – 12 cm langen Wedeln.

Diese niedrige, sich buschig verzweigende und relativ kurze Stämme bildende Palme ist eine sehr schöne und robuste Grünpflanze für den Wintergarten. Die halbkreisrunden, tiefgeschlitzten, sattgrünen Wedel bilden einen auffallenden Kontrast zu den Stämmen, die mit den braunwerdenden, faserigen Resten der Blattscheiden bedeckt sind. Vorsicht ist allerdings geboten vor den bedornten Blattstielen. Bei guter Pflege setzen Zwergpalmen schon in jungen Jahren Blüten an.

Chamaerops humilis **Zwergpalme**

Blütezeit: Sommer.
Standort: Ganzjährig sonnig und luftig; kann im Winter auch halbschattig und kühl stehen.
Gießen: Wurzelballen zur Wachstumszeit mäßig feucht halten, bei höheren Temperaturen reichlicher gießen; bei kühlem Winterstandort nur ganz wenig gießen.
Düngen: Von März bis September wöchentlich schwach düngen.
Pflegen: Äußerst pflegeleicht, wenn die Pflanze in gut durchlässigem Substrat steht und das ganze Jahr über einen luftigen Standort hat.
Vermehren: Durch Aussaat im warmen Vermehrungskasten. Die Keimzeit ist allerdings relativ lang: Sie dauert 2–3 Monate.
Schädlinge und Krankheiten: Bei schlechter Belüftung treten gelegentlich Spinnmilben auf. Zu reichliches Gießen, vor allem bei kühlem Stand, führt zu Wurzel- und Stammfäulnis. Zusammengefaltete Wedel deuten auf eine zu trockene Haltung hin.
Weitere Arten: Von der Zwergpalme gibt es eine ganze Reihe von Varietäten, zum Beispiel *arborescens, argentata* oder *gracilis,* die sich durch die Größe ihrer Blätter, die Stärke, Form und Bedornung der Blattstiele und die Faserigkeit der Stämme unterscheiden.

tip Die Zwergpalme und ihre Varietäten sind ausgezeichnete, langsam wüchsige Kübelpalmen, die bis zu 3 m hoch werden können. Die Palmen lassen sich auch ins Beet pflanzen. Um gut zur Geltung zu kommen und ungestört wachsen zu können, benötigen die Pflanzen genügend Platz. Am besten wirken die Palmen in großen Holzkübeln an exponierter Stelle.

eine rundbuschige Wuchsform und erreicht im Kübel eine Höhe von etwa 1 m. Die Blätter sind ledrig und aus 3 länglichen Blättchen zusammengesetzt, die durchscheinend punktiert sind.

Die Orangenblume gehört auf jeden Fall in den duftenden Wintergarten, denn ihre weißen, in end- oder achselständigen Trugdolden stehenden Blüten verströmen einen intensiven Orangenduft. Der aus Mexiko stammende immergrüne Blütenstrauch hat

Orangenblume *Choisya ternata*

tip Die Orangenblume mit ihren duftenden, weißen Blüten ist eine Pflanze für den winterkühlen Wintergarten. Zur Blütezeit sollte sie auf jeden Fall in Sitzplatznähe aufgestellt werden, damit man den zarten Duft richtig genießen kann.

Blütezeit: Mai bis Juni, im kühlen Wintergarten auch schon ab Februar.
Standort: Ganzjährig hell bis sonnig; im Winter kühl bei 5–10 °C. Luftig.
Gießen: Im Sommer bei warmem, sonnigem Stand reichlich gießen; im Winter, je nach Temperatur, trockener halten. Kein kalkhaltiges Wasser verwenden!
Düngen: Von April bis Oktober wöchentlich schwach düngen.
Pflegen: Bei Bedarf im Februar in gut durchlässige Erde umtopfen. Jungpflanzen öfter stutzen. Nach der Blüte abgeblühte Blütentriebe abschneiden und eventuell sparrig gewordene Triebe einkürzen.
Vermehren: Im Frühjahr Kopfstecklinge schneiden und im warmen, feuchten Vermehrungskasten bewurzeln lassen.
Schädlinge und Krankheiten: Im Frühjahr können Blattläuse den Neuaustrieb befallen. Bei zu warmer Überwinterung siedeln sich gerne Spinnmilben an. Bei zu dunklem Standort wird die Pflanze sparrig und verliert ihre buschige Wuchsform, außerdem kommt es zu nur spärlichem Blütenansatz.
Weitere Arten: In Mexiko und den südlichen USA gibt es 4 *Choisya*-Arten, in Kultur genommen wurde aber nur *C. ternata*.

Da die Goldfruchtpalmen (früher wurden sie unter dem Namen Arecapalmen verkauft) im Jugendstadium recht langsam wachsen, eignen sie sich sehr gut zur Kübelhaltung im Wohn-Wintergarten. Ihre dekorativen, kammartig gefiederten, gelbgrünen Wedel können meterlang

werden und hängen bogig über. Die Pflanze verzweigt sich von unten her buschig und entwickelt sich mit zunehmendem Alter zu einem dichten Horst. Bei guten Haltungsbedingungen setzt die Pflanze auch in Zimmerkultur Blüten an und bildet goldgelbe Fruchtstände aus.

Chrysalidocarpus lutescens **Goldfruchtpalme**

Blütezeit: Sommer.
Standort: Ganzjährig hell, warm und luftig. Im Frühjahr und Sommer vor praller Mittagssonne schützen.
Gießen: Vor allem im Sommer bei hohen Temperaturen reichlich gießen, jetzt werden sogar staunasse Füße vertragen. Im Winter, bei kühleren Temperaturen (nicht unter 15 °C) etwas weniger feucht halten.
Düngen: Von März bis August einmal die Woche schwach düngen.
Pflegen: Je höher die Umgebungstemperatur, desto mehr muß die Pflanze mit kalkarmem Wasser eingenebelt werden. Eine hohe Luftfeuchtigkeit ist für gutes Wachstum unabdingbar. Jüngere Pflanzen alle 2–3 Jahre in gut durchlässige, nährstoffreiche Erde umtopfen.
Vermehren: Durch Abtrennen junger Sprosse oder durch Aussaat im feucht-warmen Vermehrungskasten. Die Keimzeit beträgt etwa 1 Monat.
Schädlinge und Krankheiten: Zu niedrige Luftfeuchtigkeit verursacht braune Blattspitzen und den Befall mit Spinnmilben. Bei zu starker Sonneneinstrahlung vergilben die Blätter.
Weitere Arten: Alle anderen Arten eignen sich nicht für die Haltung im Wintergarten, da sie zu schnell wachsen und Höhen von 9–10 m erreichen.

tip Die Goldfruchtpalme wird mit zunehmenden Alter immer buschiger in der Wuchsform, und die Blätter erscheinen leicht goldbereift. Diese Palmenart kann ganzjährig im Wohn-Wintergarten untergebracht werden und sorgt für ein tropisches Ambiente. Zu der lichten Pflanze passen vor allem helle Accessoires und leichte Korbmöbel.

Wer einen Wintergarten besitzt, sollte keinesfalls auf Citrus-Arten und ihre Verwandten verzichten: Sie vermitteln die typische Mittelmeeratmosphäre, bezaubern durch ihre zartweißen, duftenden Blüten, tragen bei guter Pflege überreichen Fruchtbehang und lassen sich herrlich miteinander oder mit anderen Mittelmeerpflanzen kombinieren. Die immergrünen Zitruspflanzen mit ihren dunkelgrünen, ledrigen Blättern können als Sträucher oder kleine Bäumchen erworben und kultiviert werden. Sie tragen bei guter Pflege das ganze Jahr hindurch gleichzeitig Blüten und Früchte.

Citrus Zitruspflanzen

Blütezeit: Ganzjährig.
Standort: Ganzjährig sonnig, warm und luftig. Im Frühjahr und Sommer Pflanzen jedoch vor praller Mittagssonne schützen.
Gießen: Im Sommer regelmäßig mit gut enthärtetem Wasser gießen, im Winter etwas sparsamer. Keine Staunässe verursachen, lieber den Wurzelballen vor dem nächsten Gießen etwas antrocknen lassen.
Düngen: Zur Wachstumszeit (von April bis Anfang Oktober) einmal die Woche gut düngen. In den Wintermonaten nicht düngen, jetzt hat die Pflanze ihre Ruhezeit.
Pflegen: Im Sommer häufig mit kalkfreiem Wasser besprühen, um die Luftfeuchtigkeit zu erhöhen. Wenn das Pflanzgefäß völlig durchwurzelt ist, im Frühjahr in gut durchlässige, nahrhafte Erde umtopfen. *Citrus*-Arten lassen sich leicht in Form schneiden und vertragen auch kräftigen Rückschnitt – dies geht allerdings zunächst auf Kosten der Blühfreudigkeit.
Vermehren: Im Frühjahr Kopfstecklinge abnehmen und im feucht-warmen Vermehrungskasten bewurzeln lassen – diese Methode ist aber nicht immer erfolgreich und erfordert viel Geduld. Aus Samen gezogene Zitruspflanzen müssen später veredelt werden, denn sie wachsen meist sparrig und tragen keine Früchte.
Schädlinge und Krankheiten: Zu geringe Luftfeuchtigkeit und schlechte Belüftung fördern den Befall mit Schild- und Blattläusen. Zu feuchte Haltung im Winter kann Wurzelfäule und Grauschimmel hervorrufen.
Weitere Arten: Die Limette *(C. aurantiifolia)* mit ihren grasgrünen, zartschaligen Früchten benötigt von allen *Citrus*-Arten die meiste Wärme.
Die Pomeranze *(C. aurantium)* hat bittersaure Früchte, die nur kandiert (Orangeat) Verwendung finden. Sie wird nicht sehr häufig als Kübelpflanze gehalten.
Der Zitronenbaum *(C. limon)* ist sehr wuchsfreudig und trägt die größten Blätter.
Die Mandarine *(C. reticulata)* gehört zu den kleinbleibenden buschigen Arten. Zwergorange *(C. microcarpa)* und Kumquat *(Fortunella japonica)* sind die kleinsten Arten.

tip Mit Zitruspflanzen gleich welcher Art lassen sich das ganze Jahr über leuchtendes Orange und Gelb sowie starker Duft in den Wintergarten bringen. Die Pflanzen gehören auf alle Fälle in einen Wintergarten im Mittelmeerstil und wirken am besten in Terrakotta-Gefäßen.

Zu den Losbaum-Arten gehören zum einen kletternde und schlingende, zum anderen aufrechtwachsende Sträucher oder Halbsträucher. Von den über 250 im tropischen Asien und Afrika beheimateten Arten kommen nur wenige für die Kultur im Wintergarten in Frage. Die bekannteste ist C. thomsoniae, ein Kletterstrauch mit dunkelgrünem Laub, der meterlang werden kann und sich vom Frühjahr bis in den Sommer hinein mit auffälligen Blütenrispen schmückt. Aus einem weißblättrigen Blütenkelch ragen leuchtendrote, sternförmige Blütchen hervor.

Losbaum *Clerodendrum*

tip Der Losbaum ist zur Blütezeit ein überreich blühender Kletterstrauch für den warmen Wintergarten. Die weiß-roten Blütenrispen von *C. thomsoniae*, die einen starken Kontrast zu den dunkelgrünen Blättern bilden, kommen am besten vor einem ruhigen Hintergrund oder bei Einzelstand der Pflanze zur Geltung.

Blütezeit: März bis September.
Standort: Ganzjährig hell und luftig. Im Frühjahr und Sommer unbedingt vor praller Sonneneinstrahlung schützen. Im Winter 8–10 Wochen eine kühle (10–15 °C) Ruhezeit einlegen – jetzt können auch die Blätter abfallen.
Gießen: Während der Wachstumszeit gleichmäßig feucht halten, zur Ruhezeit nur wenig gießen, damit der Wurzelballen nicht austrocknet. Stets lauwarmes, kalkfreies Wasser verwenden.
Düngen: Im Frühjahr und Sommer alle 2 Wochen düngen.
Pflegen: Nach der Ruhezeit im Winter zurück- oder ausschneiden und in lockere, nähstoffreiche Erde umtopfen. Wer einen buschigen Wuchs bevorzugt, muß die Jungpflanzen öfter stutzen. Zur Wachstumszeit durch häufiges Besprühen mit lauwarmem, kalkfreiem Wasser für hohe Luftfeuchtigkeit sorgen.
Vermehren: Im Frühjahr Kopf- oder Triebstecklinge abschneiden und im warmen Vermehrungskasten anwurzeln lassen.
Schädlinge und Krankheiten: Bei zu geringer Luftfeuchtigkeit fallen Blüten und Blütenknospen ab.
Weitere Arten: Auch *C. splendens* ist ein fast ganzjährig blühender Kletterstrauch mit dunkelgrünen Blättern und zahlreichen end- oder achselständigen Blütenrispen mit prächtig scharlachroten Blüten.

Die Kokospalme, von den tropischen Meeresküsten nicht wegzudenken, ist eine bis 30 m hoch werdende Fiederpalme mit schlankem Stamm und 2-6 m langen gebogenen Wedeln. Sie gehört zu den wertvollsten Nutzpflanzen der Tropen, in denen die gesamte Pflanze

wirtschaftlich verwertet wird. Junge Kokospalmen in Kübelkultur wirken sehr exotisch: Aus einer großen Nuß wachsen gelbstielige, hellgrüne Blätter, die in den ersten Jahren noch ungeteilt sind und sich erst mit zunehmendem Alter auffiedern.

Cocos nucifera **Kokospalme**

Blütezeit: Blüht in Kultur nicht.
Standort: Das ganze Jahr sonnig, warm und luftig. Im Winter möglichst durch Zusatzbeleuchtung für ausreichende Helligkeit sorgen!
Gießen: Gleichmäßig feucht, nie naß halten. Mit lauwarmem, kalkfreiem Wasser gießen.
Düngen: Im Sommer einmal die Woche düngen.
Pflegen: Das ganze Jahr über für ausreichende Luftfeuchtigkeit sorgen, und die Pflanze täglich mit kalkfreiem, lauwarmem Wasser besprühen. Erst in gut durchlässige, humose Erde umtopfen, wenn das Wurzelwerk das Pflanzgefäß vollkommen ausgefüllt hat. Unbedingt darauf achten, daß die Wurzeln nicht beschädigt werden!
Vermehren: Koskospalmen werden über ihre Nüsse vermehrt. Die Keimzeit beträgt 1 – 6 Monate. Kokosnüsse, die im Gemüseladen zum Verzehr angeboten werden, eignen sich nicht zur Vermehrung, da die Schale zu hart geworden ist (in ihrer Heimat verrottet die Schale schnell durch die höhere Luftfeuchtigkeit und Wärme).
Schädlinge und Krankheiten: Bei zu trockener Luft siedeln sich schnell Spinnmilben und Schildläuse an, die nur schwer beseitigt werden können. Auch braune Blattspitzen sind ein Zeichen für ungenügende Luftfeuchtigkeit.
Weitere Arten: Einzige Art der Gattung *Cocos*.

tip Koskospalmen bringen zweifellos tropisches Flair in den Wintergarten. Die Pflanzen sollten auf jeden Fall einen exponierten Standort bekommen, damit sie ihre volle Wirkung ausstrahlen können. Zu den hellgrünen Wedeln passen am besten weiße Übertöpfe.

Der Zickzackstrauch ist ein ganz außergewöhnlich geformter, sehr dekorativer Strauch, der aus Neuseeland stammt. Seine dünnen Zweige, die in der Jugend mit weißlichen Seidenhaaren bedeckt sind und im Alter eine schwärzliche Rinde tragen, sind zickzackförmig gebogen. Die kleinen, spatelförmigen Blätter sind oberseits hellgrün, unterseits mit weißen Seidenhaaren besetzt. Die kleinen, gelben, sternförmigen und leicht duftenden Blüten sitzen in den Achseln der Blätter oder am Ende von Kurztrieben. Aus ihnen entwickeln sich kleine, orangefarbene Früchte.

Zickzackstrauch *Corokia cotoneaster*

Blütezeit: Juni bis Juli.
Standort: Ganzjährig hell und luftig; im Sommer warm, im Winter kühler bei ca. 10 °C.
Gießen: Zur Wachstumszeit mäßig, im Winter bei kühlerem Stand noch weniger gießen. Wurzelballen weder zu feucht noch zu trocken halten.
Düngen: Zur Wachstumszeit von März bis Oktober alle 14 Tage schwach düngen.
Pflegen: Nur bei Bedarf im Frühjahr in gut durchlässige Erde umtopfen. Nur ausladende Zweige stutzen, da sonst die typische Wuchsform dieser Pflanze verlorengeht.
Vermehren: Jederzeit durch Schneiden krautiger oder halbreifer Stecklinge, die unter Glas bei 15 – 20 °C bewurzelt werden.
Schädlinge und Krankheiten: Wurzelfäule durch zu feuchte Haltung.
Weitere Arten: *C. buddleioides* wächst baumförmig und wird 3 – 4 m hoch. An den graufilzigen Zweigen sitzen bis zu 15 cm lange, schmal-linealische Blätter.
C. macrocarpa ist ein bis zu 6 m hoch werdender Strauch mit bis zu 10 cm langen, unterseits weißfilzigen Blättern. Die gelben Blüten sitzen zu mehreren in achselständigen Trauben.

tip Der Zickzackstrauch sollte seiner außergewöhnlichen Wuchsform wegen nicht in einer Gruppe, sondern alleine stehen. Von März bis September hat er seinen Platz im Wohn-Wintergarten, am besten in Sitzplatznähe, damit der zarte Duft der Blüten auch richtig genossen werden kann. Im Winter braucht er es allerdings kühler.
Die Pflanze kann auch als Bonsai-Bäumchen gezogen werden.

Der aus Chile stammende Laternenbaum (links) bezaubert vor allem durch seine ungewöhnlichen Blüten. Der große, immergrüne Strauch mit den elliptischen, ledrigen Blättern schmückt sich im Winter mit langgestielten, roten Blüten.
Der Maiglöckchenbaum (rechts) trägt weiße Blüten.

Crinodendron hookerianum Laternenbaum

tip Maiglöcken- und Laternenbaum sind Blütensträucher für den eher kühlen Wintergarten. Bei guter Pflege erreichen beide Sträucher bald eine stattliche Größe und beanspruchen dementsprechend viel Platz. Leider blühen die Sträucher im Kübel nicht ganz so üppig wie an ihrem Heimatstandort.

Blütezeit: Winter.
Standort: Im Sommer hell bis halbschattig und luftig, stauende Hitze und pralle Sonne vermeiden! Im Winter hell, luftig und um die 15 °C.
Gießen: Das ganze Jahr hindurch gleichmäßig feucht halten, den Wurzelballen weder austrocknen, noch zu feucht werden lassen. Stets kalkfreies, zimmerwarmes Wasser verwenden.
Düngen: Vom Frühjahr bis zum Herbst wöchentlich schwach düngen.
Pflegen: Bei Bedarf im Frühjahr in gut durchlässige Erde umtopfen. Jüngere Pflanzen öfter stutzen, um Verzweigungen und damit Blütenansatz zu fördern. Ältere Pflanzen nicht mehr beschneiden.
Vermehren: Im Sommer Triebstecklinge abnehmen und im warmen, abgedeckten Vermehrungskasten anwurzeln lassen. Jungpflanzen ein paarmal stutzen.
Schädlinge und Krankheiten: Bei stauender Luft treten häufig Spinnmilben auf. Die Blütenknospen werden gerne von Blattläusen heimgesucht.
Weitere Arten: Beim Maiglöckchenbaum *(C. patagua)* erscheinen im Sommer und Spätsommer reinweiße, überdimensionale Maiglöckchenblüten.

Beim Palmfarn, auch Sagopalme genannt, wachsen aus einem schuppigen, ananasähnlichen Stamm kranzförmig dunkelgrüne, feingefiederte Wedel. Diese attraktive Palmenart eignet sich sowohl für den Wohn- als auch für den kühlen Wintergarten als Grünpflanze sehr gut, denn sie wächst sehr langsam und bildet nur alle 2–3 Jahre einen neuen Blattkranz aus. Früher war der Palmfarn in jeder Orangerie zu finden, erst heute wird er wieder häufiger als Kübelpflanze angeboten.

Palmfarn *Cycas revoluta*

Blütezeit: Blüht in Kultur kaum.
Standort: Ganzjährig hell und luftig. Muß vor praller Sonneneinstrahlung, vor allem im Frühjahr und Sommer geschützt werden. Kann im Winter auch kühler (bei ca. 15 °C) stehen.
Gießen: Im Sommer reichlich gießen, aber keine stauende Nässe aufkommen lassen – Wurzelballen vor dem nächsten Gießen eher gut antrocknen (nicht austrocknen!) lassen. Im Winter bei kühlerem Stand sparsamer gießen.
Düngen: Im Sommer wöchentlich einmal schwach düngen.
Pflegen: Vor allem in den Sommermonaten häufig mit kalkfreiem, lauwarmem Wasser besprühen. Wenn das Pflanzgefäß zu klein wird, im Frühjahr in gut durchlässige, nahrhafte Erde umtopfen.
Vermehren: Durch Aussaat im feuchtwarmen Vermehrungskasten – die Keimzeit dauert 1 – 2 Monate.
Schädlinge und Krankheiten: Bei zu nasser Haltung, vor allem in den Wintermonaten, kann es leicht zu Wurzelfäule kommen. Bei zu trockener Luft siedeln sich Schildläuse an.
Weitere Arten: Von den 8 Arten, die im tropischen Asien, Afrika und Australien vorkommen, hat sich bisher nur *C. revoluta* als Kübelpflanze durchgesetzt.

tip Der Palmfarn wird mit zunehmendem Alter immer schöner. Die dunkelgrünen Wedel stehen in wunderbaren Kontrast zu dem braunen, schuppigen und mit Blattstielresten bedeckten Stamm. Je größer die Pflanze, desto mehr Freiraum und Platz muß ihr eingeräumt werden. Im tropischen Wintergarten sollte auch diese Palmenart nicht fehlen.

Zu den beeindruckendsten blühenden Kübelpflanzen gehört die Engelstrompete mit ihren bis zu 50 cm langen trompetenförmigen, einfachen oder gefüllten, ein- oder zweifarbigen Blüten in Weiß, Cremefarben, Gelb, Rosa, Rot und Blau. Darüber hinaus verströmen die Blüten – vor allem in den Abendstunden – einen betörenden Duft.

Datura (Brugmansia) Engelstrompete

Blütezeit: Je nach Art von Juni bis Dezember.
Standort: Im Sommer sonnig bis halbschattig und luftig, vor praller Sonneneinstrahlung schützen – vor allem zur Mittagszeit; im Winter hell, bei 5 – 10 °C und ebenfalls sehr luftig.
Gießen: Im Sommer reichlich gießen, aber für guten Wasserablauf sorgen; im Winter bei kühlen Temperaturen nur so viel gießen, daß der Wurzelballen nicht austrocknet.
Düngen: Ab dem Neuaustrieb bis September wöchentlich gut düngen.
Pflegen: Verblühtes stets abschneiden, um eine Nachblüte anzuregen. Im Frühjahr zu dünne oder lang herauswachsende Triebe abschneiden und in größere Gefäße mit nahrhafter Erde umpflanzen. Engelstrompeten vertragen auch radikalen Rückschnitt, setzen dann jedoch erst später Blüten an.
Vermehren: Von Frühjahr bis Herbst können immer wieder Triebstecklinge abgenommen und in gut durchlässiger Erde angewurzelt werden. Die Stecklinge wurzeln leicht an und blühen auch schon im ersten Jahr.
Schädlinge und Krankheiten: Engelstrompeten ziehen viele Schädlinge an (Blattläuse, Schildläuse, Weiße Fliege, Spinnmilben). Gelbe Blätter oder Blattwurf deuten auf Nährstoffmangel hin.
Weitere Arten: Von der *Datura* sind inzwischen sehr viele Arten und Sorten mit unterschiedlichen Blütenfarben und Blühzeiten auf dem Markt.

tip Engelstrompeten sind sehr schnellwüchsige Sträucher, die viel Platz benötigen. Sie können strauch- oder baumförmig geformt werden.
Die Pflanzen sind in allen Teilen giftig!

Die Zierbanane ist eine eindrucksvolle tropische Pflanze, die – optimale Haltungsbedingungen vorausgesetzt – sehr schnell wächst und von Jahr zu Jahr immer mehr Platz benötigt. Sämlinge erreichen schon im ersten Jahr eine Höhe von 1 m mit entsprechender Blattgröße. Die Blattscheiden der großen, in der Jugend zunächst noch eingerollten Blätter bilden einen scheinbaren Stamm aus, so daß die Pflanze eher einer Palme als einem Strauch ähnelt.

Zierbanane *Ensete ventricosum*

tip Bananenpflanzen entwickeln sich sehr schnell zu imposanten Blattpflanzen, die viel Platz und ein standfestes Gefäß im Wintergarten benötigen. Zu den großen, dunkelgrünen Blätter passen sehr gut hellgrüne, feingliedrige Blattpflanzen wie Fiederpalmen oder Bambus.

Blütezeit: Blüht in Kultur kaum.
Standort: Sonnig bis halbschattig und luftig; im Sommer vor praller Mittagssonne schützen, damit die schönen Blätter nicht verbrennen. Im Winter nicht unter 16 °C.
Gießen: Zur Wachstumszeit reichlich gießen, Staunässe jedoch unbedingt vermeiden. Im Winter sparsamer gießen, Wurzelballen aber nicht austrocknen lassen. Nie in die Blätter gießen!
Düngen: Im Sommer wöchentlich gut düngen.
Pflegen: Im Frühjahr in gut durchlässige, nährstoffreiche Erde umpflanzen. Im Winter hin und wieder mit lauwarmem, kalkfreiem Wasser besprühen.
Vermehren: Leicht durch Aussaat frischer Samen im warmen Vermehrungskasten.
Schädlinge und Krankheiten: Bei zu trockener Luft und zu dunklem Standort können Spinnmilben auftreten. Bei Staunässe oder stehendem Wasser in der Blattmitte tritt schnell Fäulnis auf.
Weitere Arten: Von den zahlreichen tropischen Bananenarten, die alle sehr groß werden, eignen sich für den Wohn-Wintergarten vor allem noch die Zwergbanane *(Musa acuminata)* und die Japanische Faserbanane *(M. basjoo)*. Beide Arten entwickeln aus dem Wurzelstock zahlreiche Ausläufer, die zur Vermehrung abgenommen und eingetopft werden können.

Die Wollmispel, auch Japanische Wollmispel oder Loquate genannt, ist ein kleiner, immergrüner Baum mit etwa 20–25 cm langen, schmalen, oberseits ledrigen, unterseits weißfilzigen Blättern. Die kleinen, weißlichen Blüten, die sehr angenehm duften, stehen zu mehreren in breiten, endständigen Trauben.
Die Pflanze entwickelt wohlschmeckende, gelbe, aprikosenähnliche Früchte (Loquats).

Eriobotrya japonica **Wollmispel**

Blütezeit: September bis Oktober.
Standort: Im Sommer sonnig bis halbschattig, luftig und warm; im Winter hell, luftig und kühler bei ca. 10 °C.
Gießen: Im Sommer reichlich gießen, vor jedem Gießen den Wurzelballen aber immer erst etwas antrocknen lassen. Staunässe unbedingt vermeiden. Im Winter bei kühlem Stand sparsam gießen, Wurzelballen jedoch nicht vollständig austrocknen lassen. Zum Gießen kalkfreies, lauwarmes Wasser verwenden.
Düngen: Von März bis September wöchentlich schwach düngen.
Pflegen: Bei Bedarf im Frühjahr in gut durchlässige Erde umtopfen. Jungpflanzen müssen regelmäßig und oftmals gestutzt werden, wenn die Wollmispel sich strauchförmig entwickeln soll. Wird nicht gestutzt, dann wächst die Pflanze zu einem kleinen Bäumchen heran, das sich erst ab 1 m Höhe zu verzweigen beginnt.
Vermehren: Die Wollmispel läßt sich gut aus Samen anziehen. Es können aber auch im Frühjahr Kopfstecklinge abgenommen und im warmen Vermehrungskasten angewurzelt werden.
Schädlinge und Krankheiten: Bei zu nassem Stand kann Wurzelfäule eintreten.
Weitere Arten: Es gibt ungefähr 20 *Eriobotrya*-Arten im wärmeren Asien, in Kultur ist aber bisher nur die Japanische Wollmispel.

tip Das Attraktive an dieser bis 2 m hoch werdenden Kübelpflanze für den kühlen Wintergarten sind ihre großen Blätter mit der unterschiedlichen Färbung von Ober- und Unterseite. Wenn die Pflanze mit zunehmendem Alter dann auch noch zu blühen beginnt und später Früchte trägt, ist sie eine wahre Zierde für einen Wintergarten im Mittelmeer-Stil oder einen »exotischen Obstgarten im Haus«.

Rote Farbenpracht bringt der brasilianische, sommergrüne Korallenstrauch vom Sommer bis zum Herbst in den Wintergarten. In Schüben erscheinen an den langen, bedornten Trieben bis zu 40 cm lange Blütentrauben, die sich aus zahlreichen scharlachroten Schmetterlingsblüten mit langer, zurückgeschlagener Fahne zusammensetzen und in schönem Kontrast zu den sattgrünen, ledrigen, fiedrig-dreiteiligen Blättern stehen. Mit zunehmendem Alter bildet der Strauch einen kurzen, dicken Stamm aus, an dem sich jedes Jahr immer wieder neue, bedornte Triebe entwickeln.

Korallenstrauch *Erythrina crista-galli*

Blütezeit: Juli bis Oktober.
Standort: Im Sommer sonnig, warm und luftig; nach dem Blattabwurf im Herbst bis zum Neuaustrieb im Frühjahr dunkel und kühl (ca. 5 °C) halten.
Gießen: Von März bis August reichlich gießen, aber für guten Wasserablauf sorgen. Nach dem Blattabwurf ältere Pflanzen bis zum März nicht mehr gießen; Jungpflanzen nur so viel gießen, daß der Wurzelballen nicht vollkommen austrocknet.
Düngen: Von März bis September einmal in der Woche düngen.
Pflegen: Verblühtes regelmäßig ausschneiden, um eine Nachblüte anzuregen. Nach dem Blattfall den Haupttrieb bis auf ca. 15 cm zurückschneiden, damit sich im Frühjahr viele neue Seitentriebe bilden. Im Frühjahr in nährstoffreiche, gut durchlässige Erde umtopfen, heller und wärmer aufstellen und mit dem Gießen beginnen. Sich jetzt bildende Seitentriebe nicht stutzen, denn hieran entwickeln sich die Blüten!
Vermehren: Im Frühjahr junge Triebe mit einem Stück Rinde des alten Stammes abschneiden und im mäßig warmen Vermehrungskasten bewurzeln lassen. Auch eine Vermehrung durch Aussaat ist möglich, jedoch sehr langwierig. Die Jungpflanzen blühen meist erst im vierten Jahr.
Schädlinge und Krankheiten: Bei zu trockener Luft und schlechter Belüftung siedeln sich Spinnmilben und Weiße Fliege an.
Weitere Arten: Vom Korallenstrauch sind etwa 50 Arten in den Subtropen und Tropen der ganzen Welt bekannt. Zum Blühen bringt man in Zimmerkultur aber meist nur *E. crista-galli*.

tip Der Korallenstrauch bringt unter optimalen Haltungsbedingungen und strenger Winterruhe jedes Jahr in Schüben eine herrlich leuchtende Blütenpracht hervor – er sollte daher zur Blütezeit einen auffälligen Einzelstand bekommen, so daß die roten Blütentrauben von allen Seiten bewundert werden können.

Eukalyptusbäume gehören zu den Charakterpflanzen Australiens. Die immergrünen Bäume und Sträucher sind in reicher Formenvielfalt vertreten. Die Pflanzen tragen in jungen Jahren einfache, ganzrandige Blätter, die gegenständig an den Zweigen sitzen und waagerecht gestellt sind. Im Alter stehen die blau- bis silbergrünen, schmalen, ledrigen Blätter wechselständig und hängen nach unten. Die weißen, gelben, rosafarbenen oder roten Blüten wirken vor allem durch ihre zahlreichen farbigen Staubblätter. Eukalyptus enthält zahlreiche ätherische Öle, so daß beim Zerreiben der Blätter ein typischer Duft freigesetzt wird.

Eucalyptus **Eukalyptus**

Blütezeit: Sommer, blüht in Kultur jedoch nur selten.
Standort: Im Sommer sonnig bis halbschattig und luftig; im Winter hell, luftig und kühl bei ca. 5-10 °C.
Gießen: Im Sommer reichlich mit kalkfreiem Wasser gießen, jedoch für guten Wasserablauf sorgen, damit keine Staunässe entsteht. Im Winter sparsam gießen, den Wurzelballen aber nicht austrocknen lassen!
Düngen: Düngen ist bei dem starken Wachstum der Pflanze nicht nötig.
Pflegen: Jungpflanzen im Frühjahr in gut durchlässige Erde umtopfen. Nicht beschneiden, da dies dem natürlichen Habitus nicht entspricht. Zu groß oder unansehnlich gewordene Pflanzen durch nachgezogene Jungpflanzen ersetzen.
Vermehren: Ganzjährig leicht durch Samen zu vermehren. Eine Vermehrung durch Stecklinge ist möglich, jedoch bewurzeln diese nur schwer.
Schädlinge und Krankheiten: Wegen der in der Pflanze enthaltenen ätherischen Öle siedeln sich kaum Schädlinge an. Staunässe verursacht Wurzelfäule, Ballentrockenheit führt zu schlaffem Laub, das sich kaum mehr erholt.
Weitere Arten: Der Blaugummibaum *(E. globulus)* mit bläulichweißem Stamm und blaugrünen, weißlich bereiften Blättern ist die schönste Art, wächst jedoch sehr schnell.
E. gunnii ist die einzige Art, die schon in jungen Jahren und auch als Kübelpflanze blüht. Jungpflanzen tragen silbrigblaue, kreisförmige, bis 6 cm breite , ältere Pflanzen schmale, bis 10 cm lange Blätter.

tip Eukalyptuspflanzen sind in jungen Jahren mit ihrem blaugrauen Laub eine sehr schöne Ergänzung zu hellgrünen Blatt- oder rosablühenden Blütenpflanzen. Da die Pflanzen sehr schnell für den Wintergarten zu groß werden, sollte stets für passenden Nachwuchs durch Aussaat gesorgt werden.

Die Zimmeraralie ist eine pflegeleichte Grünpflanze, die schon seit fast 100 Jahren in Kultur gehalten wird. Sie eignet sich hervorragend für den Wohn-Wintergarten, da sie schon nach wenigen Jahren eine stattliche Größe erreicht und mit ihren großen, glänzendgrünen, handförmig gelappten Blättern ein Blickfang ist. Mit zunehmendem Alter bildet der immergrüne Strauch einen festen Stamm mit breit ausladendem Blattschopf aus.

Zimmeraralie *Fatsia japonica*

Blütezeit: Blüht in Kultur nur selten.
Standort: Ganzjährig hell bis halbschattig und luftig, vor praller Sonneneinstrahlung geschützt. Im Winter auch kühler bei ca. 10 °C. Buntlaubige Sorten müssen heller und wärmer stehen!
Gießen: Im Sommer gleichmäßig feucht halten, im Winter – den Temperaturen entsprechend – sparsamer gießen.
Düngen: Vom Frühjahr bis Herbst wöchentlich, im Winter einmal im Monat schwach düngen.
Pflegen: Je höher die Umgebungstemperatur ist, desto höher sollte auch die Luftfeuchtigkeit sein, daher im Sommer mit kalkfreiem Wasser besprühen. Jungpflanzen können öfter gestutzt werden, um weitere Verzweigungen zu fördern. Ältere Pflanzen nicht mehr beschneiden, da dies auf Kosten der Stammbildung gehen würde. Jungpflanzen im Frühjahr in gut durchlässige Erde umtopfen. Ältere Exemplare nur bei Bedarf in größere Gefäße umtopfen.
Vermehren: Im Frühjahr Kopfstecklinge abnehmen und im Vermehrungskasten anwurzeln lassen.
Schädlinge und Krankheiten: Bei zu warmem und trockenem Standort siedeln sich sehr gerne Spinnmilben und Wolläuse an. Stauende Nässe, vor allem bei kühlem Stand, führt zu Wurzelfäulnis.
Weitere Arten: Von der Zimmeraralie sind außer der grünlaubigen Art noch einige buntblättrige Sorten im Handel.

tip Die schnellwüchsige Zimmeraralie ist eine pflegeleichte Grünpflanze für einen hellen, nicht zu warmen und luftigen Standort im Wintergarten. Ältere Pflanzen benötigen viel Platz, damit sie sich voll entfalten können. Buntlaubige Aralien können das ganze Jahr über im Wohn-Wintergarten gehalten werden. Zu den großen, glänzenden Blättern kontrastieren feinteilige, fiederblättrige Grünpflanzen wie Bambus oder Fiederpalmen sehr gut.

Die Echte Feige ist eine der ältesten Kultur- und Nutzpflanzen. Der baumförmige, sommergrüne Strauch trägt graugrüne Zweige, an denen große, drei- oder fünflappige Blätter sitzen. Im Kübel wächst die Pflanze eher buschförmig und erreicht eine Höhe von 2–3 m. Die unscheinbaren Blüten sitzen im Innern der krugförmigen, fleischigen Blütenstandsachse und haben nur einen schmalen Zugang. Durch diesen werden sie von Gallwespen bestäubt.
Zur Kultur im Wintergarten werden in der Regel adriatische Zuchtformen angeboten, die auch ohne Bestäubung Früchte tragen.

Ficus carica Echte Feige

tip Die Echte Feige braucht viel Platz und eignet sich als Solitärpflanze für den winterkühlen Wintergarten.
Die Pflanze führt in allen Teilen einen Milchsaft, der bei empfindlichen Personen Hautreizungen verusachen kann!

Blütezeit: Je nach Sorte Frühjahr und Herbst. Fruchtreife Herbst. Im Herbst ansetzende Früchte überwintern und reifen dann im kommenden Sommer aus.
Standort: Im Sommer sonnig, warm und luftig, hinter Glas unbedingt vor praller Mittagssonne schützen. Im Winter kühl und luftig. Da die Pflanze ihre Blätter abwirft, kann sie auch dunkel stehen.
Gießen: Im Sommer reichlich gießen, jedoch für guten Wasserablauf sorgen und die Erde vor dem nächsten Gießen gut antrocknen lassen. Im Winter nur gerade soviel Wasser geben, daß der Wurzelballen nicht austrocknet.
Düngen: Von April bis September wöchentlich einmal schwach düngen.
Pflegen: Bei Bedarf im Frühjahr in gut durchlässige Erde umtopfen. Nicht zu große Gefäße verwenden, denn ein beschränktes Wurzelwachstum fördert die Fruchtbildung. Jungpflanzen mehrfach stutzen, um weitere Verzweigungen anzuregen. Zu groß gewordene Feigen können kräftig zurückgeschnitten werden.
Vermehren: Im Frühjahr können Stecklinge oder Ausläufer abgenommen und im warmen Vermehrungskasten bewurzelt werden. Die Anzucht gelingt jedoch nicht immer.
Schädlinge und Krankheiten: Bei zu trockener Luft finden sich schnell Spinnmilben und Wolläuse ein.
Weitere Arten: Im Handel sind sehr viele Sorten mit unterschiedlich gefärbten und geformten Früchten.

Zur Gattung Ficus zählen mehr als 2000 Arten, die vor allem in den tropischen und subtropischen Gebieten Südostasiens beheimatet sind. In Kultur sind bisher jedoch nur etwa 20 Arten. Die immergrünen, aufrechtwachsenden oder kletternden Sträucher

tragen meist ledrige Blätter und führen einen weißen Milchsaft. Für den Wohn-Wintergarten gibt es ein reichhaltiges Sortiment in verschiedenen Größen, Wuchsformen und Blattausbildungen, mit grünen, weiß- oder gelbbunten Blättern (siehe links).

Ficus Gummibaum

Blütezeit: Die meisten Arten blühen in Kultur kaum.
Standort: Ganzjährig hell, aber nicht sonnig, luftfeucht und warm. Buntblättrige Sorten müssen heller und wärmer stehen als grünblättrige.
Gießen: Von Frühjahr bis Sommer etwas mehr gießen als im Winter. Gleichmäßig feucht halten, Boden vor der nächsten Wassergabe am besten etwas antrocknen lassen. Staunässe vermeiden!
Düngen: Vom Frühjahr bis Herbst wöchentlich schwach, in den Wintermonaten nur einmal monatlich düngen.
Pflegen: Vor allem bei höheren Temperaturen öfter mit kalkfreiem, lauwarmem Wasser besprühen, um die Luftfeuchtigkeit zu erhöhen. Nach Bedarf im Frühjahr in nährstoffreiche, gut durchlässige Erde umtopfen. Vor allem große Blätter öfter einmal feucht abwischen. Zu groß gewordene Pflanzen können kräftig zurückgeschnitten werden.
Vermehren: Im Frühjahr Kopfstecklinge abnehmen und im warmen, geschlossenen Vermehrungskasten anwurzeln lassen. Auch Abmoosen ist möglich.
Schädlinge und Krankheiten: Zu trockene Luft und Wärme locken Spinnmilben und Schildläuse an. Gelbe Blätter sind ein Zeichen für zu nasse Füße. Bei zu dunklem Standort fallen die Blätter ab.
Weitere Arten: Die Birkenfeige *(F. benjamina)* ist die beliebteste Gummibaum-Art. Sie hat eine buschige Wuchsform mit leicht überhängenden Zweigen und kleinen Blättern. Außer der grünblättrigen Art sind Sorten mit gelb- und weißbunten Blättern im Handel. Außerdem sind die verschiedensten Wuchsformen im Angebot: Hochstämmchen, buschige Sträucher, geformte Hochstämme mit verdrehten Stämmen und Kübelpflanzen mit 3 – 4 miteinander verflochtenen Stämmchen.
Die Mistelfeige *(F. deltoidea)* ist eine buschige Art, die viele erbsengroße, rote Scheinfrüchte hervorbringt.
Vom altbekannten Gummibaum *(F. elastica)* mit seinem eintriebigen Wuchs und den dicken, dunkelgrünen Blättern gibt es mittlerweile auch Sorten mit rundlichen, rötlichen oder gestreiften Blättern und nicht mehr ganz so steifer Wuchsform.
Die Geigenfeige *(F. lyrata)* trägt große, geigenkastenähnliche Blätter und wächst sehr schnell in die Höhe.
Die Kletterfeige *(F. pumila)* ist eine kletternde Art mit kleinen Blättchen und fadendünnen Zweigen.

tip Mit den vielen im Handel erhältlichen *Ficus*-Arten und -Sorten läßt sich im Wohn-Wintergarten sehr viel arrangieren. Die größeren Arten bilden Blickfänge, die kleineren, buschigen können auflockern oder hochwüchsige, von unten verkahlende Pflanzen verdecken. Kletternde Arten können als Raumteiler, Hängepflanzen oder Bodendecker eingesetzt werden. Vorsicht, die Pflanzen führen einen Milchsaft, der hautreizend sein kann!

Der in Kalifornien heimische Flanellstrauch hat zwar einen etwas sparrigen Wuchs, dafür sind seine Blüten mit den großen, zarten, zitronengelben Kelchblättern, die in auffälligem Kontrast zu den dunkelgrünen, einfachen oder dreilappigen, unterseits rostfarbig behaarten Blättern stehen, besonders schön.

Flanellstrauch *Fremontodendron californicum*

Blütezeit: April bis Juni.
Standort: Ganzjährig hell bis sonnig und luftig, im Frühjahr und Sommer vor praller Mittagssonne schützen; im Winter kühler bei ca. 10 °C.
Gießen: Von Frühjahr bis Herbst gleichmäßig feucht halten, Staunässe unbedingt vermeiden, eher die Erde etwas antrocknen lassen. Im Winter bei kühlerer Haltung nur sehr sparsam gießen, der Wurzelballen darf aber nicht austrocknen.
Düngen: Von März bis September wöchentlich einmal schwach düngen. Wird die Pflanze zu viel gedüngt, schießt sie ins Kraut – was auf Kosten der Blütenbildung geht.
Pflegen: Bei Bedarf im Frühjahr in gut durchlässiges Substrat umtopfen. Der sparrige Wuchs ist der Pflanze eigen, auch ein Stutzen der Zweige führt nicht zu dichterem Wuchs.
Vermehren: Im Frühjahr Triebstecklinge schneiden und im warmen Vermehrungskasten bewurzeln lassen. Auch eine Aussaat ist möglich.
Weitere Arten: Die Sorte 'California Glory' ist nicht ganz so sparrig im Wuchs und blüht stärker. Die zitronengelben Kelchblätter tragen einen rötlichen Rand.
F. mexicana schmückt sich mit orangegelben Blüten.

tip Zur Blütezeit bringt der Flanellstrauch leuchtendes Gelb in den Wintergarten. Er sollte deshalb jetzt einen exponierten Platz bekommen. Außerhalb der Blütezeit kann er ruhig etwas verdeckt aufgestellt werden, denn seine sparrige Wuchsform macht ihn nicht sehr attraktiv.
Achtung, die Behaarung von Zweigen und Blättern kann Juckreiz verursachen!

Dieser edle und kostbar wirkende Strauch aus Ostasien ist zwar etwas heikel in der Pflege, lohnt dies aber mit wunderschönen wachsartigen, cremeweißen und betörend duftenden Blüten, die in deutlichem Kontrast zum dunkelglänzenden Laub stehen.

Gardenia jasminoides **Gardenie**

Blütezeit: Juli bis Oktober.
Standort: Ganzjährig hell, luftig und vor praller Sonneneinstrahlung geschützt. Je heller der Standort, desto höher können die Temperaturen sein. Zur Blütenentwicklung braucht die Pflanze allerdings etwas kühlere Temperaturen (15 – 17 °C).
Gießen: Ganzjährig mäßig feucht halten und zum Gießen kalkarmes, temperiertes Wasser verwenden. Wurzelballen nicht zu naß halten, aber auch nicht austrocknen lassen.
Düngen: Vom Frühjahr bis zum Spätsommer wöchentlich einmal düngen. Kalkfreien Dünger verwenden!
Pflegen: Die Gardenie braucht auf jeden Fall stets gleichmäßige Bedingungen. Sie reagiert sehr empfindlich auf Temperaturschwankungen und ungleichmäßiges Gießen. Um die Luftfeuchtigkeit zu erhöhen, muß – vor allem im Knospenstadium – täglich mit kalkfreiem, lauwarmem Wasser gesprüht werden. Im Frühjahr bei Bedarf in leicht saure Erde und nicht zu große Pflanzgefäße umtopfen. Verkahlende Pflanzen können im Frühjahr kräftig zurückgeschnitten werden.
Vermehren: Vor der Knospenbildung Kopfstecklinge abnehmen und im warmen, geschlossenen Vermehrungskasten anwurzeln lassen.
Schädlinge und Krankheiten: Bei zu warmem Stand und zu trockener Luft finden sich schnell Schild- und Schmierläuse ein. Abfallende Blätter können verschiedene Ursachen haben: Staunässe oder Ballentrockenheit. Blattaufhellungen (Chlorose) sind ein Anzeichen für zu hohen Kalkgehalt im Boden oder Gießwasser.
Weitere Arten: Die Gardenie ist in vielen Sorten mit einfachen oder gefüllten Blüten erhältlich.

tip Gardenien stehen für Duft und Eleganz. Sie sind als Minipflanzen, Sträucher und Hochstämmchen im Handel, so daß mehrere verschieden hohe Pflanzen zu einer Gruppe zusammengestellt werden können.

Der Roseneibisch stammt aus dem tropischen Asien. Die meterhoch werdenden Sträucher mit den glänzend dunkelgrünen Blättern und den großen, trichterförmigen Blüten, aus denen die Staubgefäße weit hervorstehen, sind inzwischen aber in allen tropischen und subtropischen Gebieten der Erde

verbreitet und sorgen zur Blütezeit für üppige Farbenpracht von Weiß über Gelb und Orange nach Rot.

Roseneibisch *Hibiscus rosa-sinensis*

Blütezeit: März bis Oktober.
Standort: Hell bis sonnig, jedoch vor praller Mittagssonne im Frühjahr und Sommer geschützt. Ruhezeit von November bis Januar bei 16 – 18 °C.
Gießen: Von Frühjahr bis Herbst reichlich gießen – je höher die Temperatur, desto mehr Wasser braucht die Pflanze. Staunässe jedoch vermeiden! Zur Ruhezeit entsprechend der Raumtemperatur sparsamer gießen.
Düngen: Zur Wachstumszeit einmal pro Woche gut düngen, sonst einmal im Monat.
Pflegen: Im zeitigen Frühjahr zurückschneiden oder auslichten und in gut durchlässige Erde umtopfen. Jungpflanzen öfter stutzen, um einen buschigen Wuchs zu erzielen. Von Frühjahr bis Herbst öfter mit kalkfreiem Wasser besprühen, um die Luftfeuchtigkeit zu erhöhen. Hochstämmchen unbedingt mit einer stabilen Stütze versehen, damit die Pflanze zur Blütezeit nicht umknickt.
Vermehren: Im Frühsommer Triebstecklinge schneiden und im warmen Vermehrungskasten anwurzeln lassen.
Schädlinge und Krankheiten: Zuviel Wärme im Winter führt zu übermäßigem Längenwachstum. Bei Temperaturen unter 15 °C fallen die Blätter ab. Trockene Luft zieht Spinnmilben an. Am Neuaustrieb siedeln sich gerne Blattläuse an.
Weitere Arten: Der Roseneibisch ist in vielen verschiedenfarbigen Sorten mit einfachen und gefüllten Blüten erhältlich. Die Blüten des Geschlitzten Roseneibisch *(H. schizopetalus)* hängen an langen Stielen herab, die roten oder orangefarbenen Kronblätter sind tief geschlitzt und zurückgebogen, Staubgefäße und Griffel ragen weit hervor.

tip Der Roseneibisch kann als Strauch oder Hochstämmchen gezogen werden. Große Sträucher eignen sich als Solitärpflanzen und Blickfang, kleinere und Hochstämmchen können vor allem zur Blütezeit überall für Farbe sorgen. Der Roseneibisch gehört in den asiatisch ausgerichteten Wintergarten, sollte aber auch im Mittelmeer-Ambiente nicht fehlen.

Kentiapalmen mit ihren gefiederten Blättern und den bis 2,5 m hoch werdenden Stämmen gehörten schon vor Jahrzehnten zu den beliebtesten Zimmerpalmen und durften in keiner Orangerie fehlen. Sie sind sehr widerstandfähig, äußerst robust und schnellwüchsig. In ihrer Heimat Australien wachsen die Palmen einstämmig, im Handel werden oftmals Töpfe und Kübel angeboten, in denen mehrere Sämlinge zusammengepflanzt wurden, damit der Eindruck eines buschigen Wuchses entsteht

Howeia **Kentiapalme**

Blütezeit: Blüht in Kultur nicht.
Standort: Ganzjährig hell bis halbschattig, luftig und bei 20 – 25 °C. Unbedingt vor praller Sonneneinstrahlung, vor allem in den Sommermonaten, schützen. Jungpflanzen können kühler (nicht unter 18 °C) und dunkler aufgestellt werden. Je dunkler der Standort, desto schwächer das Wachstum.
Gießen: Ganzjährig gleichmäßig feucht, nicht naß, halten. Staunässe und Ballentrockenheit vermeiden. Zum Gießen kalkfreies, lauwarmes Wasser verwenden.
Düngen: Von April bis September alle 2 Wochen schwach düngen.
Pflegen: Die Kentiapalme braucht eine hohe Luftfeuchtigkeit und sollte daher viel mit kalkfreiem, lauwarmem Wasser besprüht werden. Wedel immer mal wieder mit einem feuchten Schwamm abwischen. Im Frühjahr in gut durchlässige, nährstoffreiche Erde umtopfen, Jungpflanzen jährlich, ältere Exemplare alle 2 – 3 Jahre.
Vermehren: Aussaat im warmen Vermehrungskasten. Die Keimzeit kann mitunter bis zu 1 Jahr dauern, Geduld ist also angesagt.
Schädlinge und Krankheiten: Zu trockene Luft lockt Schädlinge wie Spinnmilben, Schild- und Wolläuse an. Vertrocknete, braune Blattspitzen sind ein Zeichen für mangelndes Gießen.
Weitere Arten: Von den vielen *Howeia*-Arten sind nur zwei regelmäßig im Handel:
H. belmoreana hat steil gestellte, im Umriß quadratische Wedel, eine verdickte Stammbasis und mit langen Fasern bedeckte Blattbasen.
H. forsteriana trägt eher waagerecht abstehende, längliche Wedel und wächst rascher.

tip Die dekorativen Kentiapalmen sind sehr wärmebedürftig und benötigen von Jahr zu Jahr immer mehr Platz. Sie sollten also von Anfang an einen exponierten Platz bekommen, an dem sie auch nach Jahren noch ungestört stehen können. Die Fiederpalme vermittelt ein tropisches Flair und kann in einem mediterran eingerichteten Wintergarten als Leitpflanze eingesetzt werden.

Der Palisanderbaum wird aufgrund seiner hellgrünen, zartgefiederten Blätter auch Farnbaum genannt. In seiner Heimat Brasilien wirft der Baum seine Blätter ab. Kurz vor dem Blattaustrieb erscheinen dann 5 cm lange, glockige, blauviolette Einzelblüten, die zu mehreren in endständigen Rispen stehen.

Palisanderbaum *Jacaranda mimosifolia*

Blütezeit: Blüht in Kultur nur äußerst selten.
Standort: Ganzjährig sehr hell bis sonnig, warm (auch im Winter nicht unter 15 °C) und luftig. Im Frühjahr und Sommer jedoch vor praller Mittagssonne schützen!
Gießen: Von Frühjahr bis Herbst, den Temperaturen entsprechend reichlich gießen, im Winter etwas weniger. Stets für guten Wasserablauf sorgen, damit keine Staunässe entsteht.
Düngen: Von März bis September einmal in der Woche schwach düngen. In der übrigen Zeit alle 3 Wochen etwas düngen.
Pflegen: Zur Erhöhung der Luftfeuchtigkeit – vor allem im Sommer – öfter mit kalkarmem, lauwarmem Wasser besprühen. Zu groß gewordene Pflanzen können im Herbst stark zurückgeschnitten werden. Jungpflanzen durch entsprechende Schnittmaßnahmen baumförmig erziehen.
Vermehren: Durch Aussaat bei 20 – 25 °C im geschlossenen Vermehrungskasten. Um ein besseres Aufgehen zu erzielen, den Samen vor der Aussaat einen Tag in lauwarmem, kalkfreiem Wasser einweichen. Keimdauer 2 – 3 Wochen. Jungpflanzen nach dem Aufgehen einzeln in Töpfe mit nahrhafter, gut durchlässiger Erde pflanzen und warm, feucht und schattig weiterkultivieren.
Schädlinge und Krankheiten: Der Palisanderbaum reagiert sehr empfindlich auf Trockenheit. Schon bei kurzfristigem Austrocknen des Wurzelballens vergilben die Blätter und fallen ab. Zu trockene Luft begünstigt den Befall mit Spinnmilben. Bei zu dunklem Stand im Winter wirft der Baum oftmals Blätter ab (welkes Laub riecht unangenehm und sollte gleich entfernt werden).
Weitere Arten: In den amerikanischen Tropen gibt es ungefähr 50 verschiedene *Jacaranda*-Arten. In Kultur ist bisher aber nur *J. mimosifolia*.

tip Der Palisanderbaum ist eine auffällige und wertvolle Grünpflanze für den warmen Wohn-Wintergarten. Hier sollten vor allem größere Pflanzen, bei denen sich die hellgrüne Blattkrone deutlich von der glatten, grauen Rinde des Stammes abhebt, so plaziert werden, daß Wuchsform und Farbkontrast gut zur Geltung kommen.

Dieser sommergrüne Großstrauch oder Baum wird bis zu 3 m hoch. Er stammt aus Südostasien und Australien, wird mittlerweile aber im gesamten Mittelmeergebiet als Zierstrauch angebaut und bestimmt von Juli bis September ganze Landstriche mit

seiner Blütenpracht. Der glatte, grünbraune Stamm trägt eine Vielzahl vierkantiger Zweige, die mit kleinen elliptischen, graugrünen Blättern besetzt sind. An den einjährigen Trieben erscheinen zur Blütezeit endständige, lange Blütenrispen.

Lagerstroemia indica **Kreppmyrte**

Blütezeit: August bis November. Blüht aber meist nur nach langen, warmen Sommern.
Standort: Von Mai bis Oktober sonnig, warm und luftig. Im Winter frostfrei, auch dunkel.
Gießen: Ab der Knospenbildung immer gut feucht, nie naß halten. Ballen nicht austrocknen lassen. Im Winter nur so viel gießen, daß der Ballen nicht ganz austrocknet.
Düngen: Von April bis September alle 14 Tage gut düngen.
Pflegen: Im frühen Frühjahr zurückschneiden und in große Gefäße mit nahrhafter, gut durchlässiger Erde umtopfen. Blüten entwickeln sich nur an einjährigen Trieben, daher für guten Neuaustrieb durch kräftigen Rückschnitt sorgen.
Vermehren: Im August/September Kopfstecklinge schneiden und im warmen Vermehrungskasten anwurzeln lassen.
Schädlinge und Krankheiten: Bei zu trockener Haltung kommt es zu Blatt- und Blütenfall. Zu geringe Luftfeuchtigkeit fördert den Befall mit Weißer Fliege oder/und Spinnmilben. Der Neuaustrieb sollte öfter auf Blattlausbefall untersucht werden.
Weitere Arten: In Süd- und Ostasien, Neuguinea und Australien kommen ca. 30 Arten der Kreppmyrte vor. In Kultur ist bisher aber nur eine Art mit verschiedenfarbigen Sorten.
Die weißen, rosa- oder purpurfarbenen Einzelblüten bestehen aus einer gerippten oder geflügelten Blütenröhre und wellig-krausen Blütenblättern (daher der Name Kreppmyrte).

tip Die Kreppmyrte ist eine reichblühende Kübelpflanze, die das ganze Jahr über im kühlen Wintergarten stehen kann. Bei optimaler Pflege entwickeln sich rosa, rote, violette und weiße Blühwunder, die alle Blicke auf sich ziehen und bei entsprechender Auswahl den Wintergarten in ein vielfarbiges Blütenmeer verwandeln.

Die Südseemyrte ist ein immergrüner Blütenstrauch oder kleiner Baum, der in Australien und Neuseeland beheimatet ist. An den feinen Zweigen sitzen kleine, myrtenähnliche Blätter mit schmaler, stechender Spitze und aromatischem Duft. Die weißen, rosafarbenen oder roten Blüten erscheinen einzeln oder zu dritt in den Blattachseln kurzer Seitentriebe.

Südseemyrte *Leptospermum scoparium*

Blütezeit: Mai bis Juni.
Standort: Ganzjährig hell bis sonnig und luftig. Im Sommer zur Mittagszeit vor praller Sonneneinstrahlung schützen; im Winter kühl stellen, nicht über 10 °C.
Gießen: Im Sommer, abhängig von der Temperatur, reichlich gießen, im Winter nur soviel gießen, daß der Wurzelballen nicht austrocknet. Kalkfreies, lauwarmes Wasser zum Gießen verwenden.
Düngen: Von April bis September alle 14 Tage Nährstoffzufuhr mit kalkfreiem Dünger.
Pflegen: Ältere Pflanzen nach der Blüte zurückschneiden. Im Frühjahr in gut durchlässiges Substrat umtopfen und ab März wärmer stellen, um den Blütenansatz vorzuziehen.
Vermehren: Im März/April oder August Triebstecklinge abschneiden und im warmen Vermehrungskasten bewurzeln lassen. Jungpflanzen öfter stutzen, um buschigen Wuchs zu erreichen.
Schädlinge und Krankheiten: Bei zu trockener Haltung wirft die Pflanze ihre Blätter ab. Geringe Luftfeuchtigkeit und stehende Luft sind ideale Bedingungen für Spinnmilben.
Weitere Arten: In Australien, Neuseeland und auf dem Malaiischen Archipel wachsen ca. 30 verschiedene Arten. In Kultur werden aber hauptsächlich *L. scoparium* und ihre Sorten mit einfachen oder gefüllten Blüten gehalten.
L. pubescens ist eine sehr veränderliche Art mit behaarten Blättern und Blüten. Die Blüten stehen sehr dicht und erscheinen schon an jungen Pflanzen. Die Sorte 'Nichollsii' beeindruckt durch karminrote Blüten und bronzefarbene Blätter.

tip Die Südseemyrte kann zu einer Hauptpflanze im winterkühlen Wintergarten werden. Sie wächst je nach Schnitt entweder baum- oder strauchförmig und läßt sich sehr gut mit hellgrün- oder graublättrigen Grünpflanzen kombinieren. In einem Mittelmeer-Ambiente darf sie nicht fehlen.

Der Chilenische Jasmin ist eine sommergrüne, schnellwüchsige, bis 5 m hoch kletternde Schlingpflanze. An ihren dünnen Trieben sitzen frischgrüne, oval-lanzettliche Blätter, die in eine lange Spitze auslaufen. Im Sommer schmückt sich die Pflanze mit fast betäubend duftenden, weißen, gelben oder violetten Trichterblüten, die bis zu 20 in lockeren Trauben an den neuen Trieben stehen und sich nacheinander öffnen.

Mandevilla laxa **Chilenischer Jasmin**

tip Der sommergrüne Kletterstrauch mit seinen duftenden Blüten vermittelt Urlaubsatmosphäre und sollte daher am besten in der Nähe eines Sitzplatzes aufgestellt werden. Ältere Pflanzen können dichte Sichtwände bilden und als Raumteiler fungieren.
Vorsicht, die Pflanze ist in allen Teilen giftig! Auch wer bei starkem Blütenduft Kopfschmerzen bekommt, sollte auf diese Pflanze, so schön sie ist, lieber verzichten.

Blütezeit: Juni bis August.
Standort: Im Sommer vollsonnig, jedoch vor praller Mittagssonne geschützt, luftig. Im Winter eher dunkel und kühl (4 – 8 °C).
Gießen: Zur Wachstumszeit reichlich gießen, aber keine Staunässe verursachen; im Winter nur sparsam gießen, je kühler der Stand, desto weniger Wasser. Wurzelballen aber nie ganz austrocknen lassen!
Düngen: Von April bis September einmal wöchentlich düngen.
Pflegen: Der Chilenische Jasmin benötigt auf jeden Fall ein Klettergerüst – Spalier oder gespannte Drähte – an dem sich seine Triebe entlangschlingen können. Im Winter kräftig zurückschneiden, vor allem bei dunkler Überwinterung! Im März in gut durchlässiges Substrat umtopfen sowie heller und wärmer aufstellen.
Vermehren: Im Frühsommer Kopfstecklinge schneiden und im warmen Vermehrungskasten bewurzeln lassen. Auch eine Aussaat ist möglich.
Schädlinge und Krankheiten: Bei zu trockener Luft und schlechter Belüftung siedeln sich rasch Spinnmilben an. Neutriebe werden auch gerne von Blattläusen heimgesucht.
Weitere Arten: Im tropischen Amerika von Mexiko bis Argentinien wachsen mehr als 100 *Mandevilla*-Arten. In Kultur ist aber hauptsächlich der Chilenische Jasmin und seine Sorten mit weißen, gelben und violetten Blüten.

Der Eisenholzbaum stammt aus Neuseeland und dient hier wegen seiner um die Weihnachtszeit erscheinenden roten Blüten als Weihnachtsbaum.

Ihren Namen erhielten die aufrecht wachsenden oder kletternden, immergrünen Bäume und Sträucher aufgrund des harten, schweren Holzes.

Jungpflanzen tragen silbrig behaarte Triebe und Blätter, bei älteren Pflanzen sind die Blätter hart, oberseits dunkelgrün und unterseits weißfilzig behaart. Die kleinen Blüten stehen zu mehreren in großen, endständigen Trugdolden zusammen. Die rote Farbe der Blüten stammt nicht von den Kronblättern, sondern von den unzähligen überlangen, rotgefärbten Staubgefäßen.

Eisenholzbaum *Metrosideros excelsa*

Blütezeit: Frühsommer.
Standort: Von Frühjahr bis Herbst vollsonnig – verträgt sogar pralle Mittagssonne – und luftig; im Winter hell und kühl bei 5 – 8 °C.
Gießen: Von Frühjahr bis Herbst den Temperaturen angepaßt gleichmäßig feucht halten. Im Winter eher trocken halten, jedoch den Wurzelballen nicht ganz austrocknen lassen. Zum Gießen kalkfreies, lauwarmes Wasser verwenden.
Düngen: Von April bis Oktober einmal wöchentlich mit kalkfreiem Dünger versorgen.
Pflegen: Zu groß gewordene Pflanzen können nach der Blüte kräftig zurückgeschnitten werden. Bei Bedarf im Frühjahr in gut durchlässiges, kalkfreies Substrat umtopfen.
Vermehren: Im Frühjahr Stecklinge abnehmen und im warmen Vermehrungskasten anwurzeln lassen. Jungpflanzen öfter stutzen, um Verzweigungen anzuregen. Auch eine Aussaat ist bei 20 – 25 °C Bodenwärme möglich.
Schädlinge und Krankheiten: Bei zu warmer, dunkler Haltung siedeln sich Schildläuse an. Blattfall rührt meist von zu hartem, kaltem Gießwasser her.
Weitere Arten: Aus Neuseeland, Polynesien und Hawaii sind bisher 30 verschiedene Arten bekannt. In Kultur sind vor allem die beiden kletternden Arten *M. diffusa* mit weißen bis rosafarbenen Blüten, die kleinste Art der Gattung und *M. perforata* mit reinweißen Blüten.

tip Im winterkühlen Wintergarten kann der Eisenholzbaum das ganze Jahr über als Solitärpflanze seinen Platz finden. Aus dem Wohn-Wintergarten sollte er den Winter über in ein kühles Winterquartier wechseln. Zur Blütezeit jedoch, wenn die Pflanze sich mit zahllosen roten Blütendolden schmückt, kann die Kübelpflanze an jedem vollsonnigen Standort stehen.

Seit altersher gilt die Myrte als Symbol der Jungfräulichkeit. Dies kommt auch im heute noch lebendigen Brauch des Hochzeitsschmuckes aus Myrtenzweigen und -blüten zum Ausdruck. Der in den Mittelmeerregionen heimische immergrüne Strauch kann bei guter Pflege sehr

alt und auch groß werden. Der Strauch trägt kleine, eirunde bis lanzettliche, ledrige Blätter, die beim Zerreiben aromatisch duften. Die im Sommer erscheinenden Blüten haben cremeweiße Kronblätter, gelbe Staubfäden und duften zart. Nach der Blüte folgen erbsengroße, blauschwarze Beeren.

Myrtus communis **Myrte**

Blütezeit: Juni bis Oktober.
Standort: Zur Wachstumszeit vollsonnig und luftig; im Winter hell und kühl (5–10 °C).
Gießen: Von Frühjahr bis Herbst gleichmäßig feucht halten und nie austrocknen lassen; im Winter, den kühlen Temperaturen angepaßt, nur ganz sparsam gießen, so daß der Wurzelballen nicht austrocknen kann. Zum Gießen kalkarmes, lauwarmes Wasser verwenden.
Düngen: Von April bis September einmal die Woche schwach düngen.
Pflegen: Triebspitzen regelmäßig stutzen. Myrte kann auch wie Buchs in Form geschnitten werden, das geht allerdings auf Kosten der Blühfreudigkeit. Im Frühjahr bei Bedarf in gut durchlässiges Substrat umtopfen.

tip Myrten wachsen von Natur aus strauchförmig, können aber auch zu Hochstämmchen erzogen werden. Sie gehören auf jeden Fall – egal in welcher Form – in den mediterranen Wintergarten.
Da sie eine kühle Ruheperiode im Winter benötigen, finden sie am besten ganzjährig in einem winterkühlen Wintergarten ihren Platz. Myrten lassen sich sehr schön mit rot- und weißblühendem Oleander und Bougainvilleen kombinieren und sollten in Terrakottagefäßen stehen.

Vermehren: Im Frühjahr und Sommer Kopfstecklinge abnehmen und im warmen Vermehrungskasten bewurzeln lassen. Jungpflanzen öfter stutzen, wenn buschiger Wuchs erreicht werden soll.
Schädlinge und Krankheiten: Bei zu warmem, trockenem und schlecht belüftetem Stand sehr oft Befall mit Weißer Fliege, Schild- und Blattläusen. Bei Staunässe, vor allem bei kühlen Temperaturen, entsteht leicht Wurzelfäule.
Weitere Arten: Von der Myrte sind verschiedene Sorten im Handel, die sich durch Wuchskraft und Blütenfülle voneinander unterscheiden.

Aus der Mittelmeerregion sind die großen, in allen Farben blühenden Oleandersträucher und -bäume nicht mehr wegzudenken. Die 3–6 m hohen Pflanzen wachsen strauch- oder baumförmig und tragen kurzgestielte, lanzettliche, dunkelgrün ledrige Blätter. Im Sommer entfalten sich zahlreiche weiße, cremefarbene, gelbe, rosafarbene oder rote, einfache oder gefüllte Blüten, die in endständigen, vielblütigen Trugdolden zusammengefaßt sind.

Oleander *Nerium oleander*

Blütezeit: Juni bis Oktober.
Standort: Im Sommer sonnig und heiß, im Winter hell, luftig und kühl bei 4 – 8 °C.
Gießen: Zur Wachstumszeit reichlich gießen. Die Pflanze kann im heißen Sommer sogar im wassergefüllten Untersetzer stehen. Während der Winterruhe nur sparsam gießen, keine Staunässe aufkommen lassen und zwischen den einzelnen Wassergaben den Wurzelballen gut antrocknen lassen.
Düngen: Von April bis Oktober einmal die Woche gut düngen.
Pflegen: Jungpflanzen jährlich im Frühjahr in gut durchlässige, nährstoffreiche Erde umtopfen und öfter stutzen. Neutriebe im Herbst nicht zurückschneiden, daraus entwickeln sich im nächsten Sommer Blüten. In kühlen, sonnenarmen Sommern entfalten sich keine oder nur wenige Blüten.
Vermehren: Von Juni bis September können Triebstecklinge abgeschnitten und in Wasser bewurzelt werden.
Schädlinge und Krankheiten: Der Oleander ist sehr empfänglich für Blattläuse, Schildläuse und Spinnmilben. Schwarze, hellgerandete Blattflecken sind ein Zeichen für den Oleanderkrebs – befallene Pflanzenteile müssen sofort abgeschnitten und verbrannt werden, damit sich die Krankheit nicht weiter ausbreitet.
Weitere Arten: Vom Oleander gibt es von Jahr zu Jahr immer mehr Zuchtformen mit einfachen oder gefüllten, reinweißen, rosa, roten und cremegelben Blüten.

tip Im winterkühlen Wintergarten mit mediterranem Stil darf natürlich der Oleander, eine der ältesten und beliebtesten Blütenpflanzen mediterraner Herkunft nicht fehlen.
Vorsicht Oleander ist in allen Pflanzenteilen giftig!

Diese Pflanze heißt zwar Palme, es handelt sich jedoch um eine Stammsukkulente mit säulenförmigem Wuchs aus Madagaskar. Der oft keulig verdickte Stamm trägt einen Blattschopf aus spiralig angeordneten, schmalen Blättern, die am Grund Stacheln tragen. Abfallende Blätter hinterlassen Blattdornen am Stamm. Ältere Exemplare setzen endständige, weiße, sternförmige Blüten an.

Pachypodium lamieri Madagaskarpalme

tip Die Madagaskarpalme gehört auf jeden Fall in einen mit Kakteen und Sukkulenten bestückten warmen Wohn-Wintergarten. Aufgrund ihrer Größe kann sie als Leitstaude in der Kakteenlandschaft fungieren.

Blütezeit: Blüht in Kultur erst ab 1 m Höhe.
Standort: Ganzjährig hell bis vollsonnig, luftig und warm.
Gießen: Die Pflanze hat ihre Ruhezeit im Sommer und muß dann fast trocken gehalten werden. Im Winter gleichmäßig leicht feucht halten.
Düngen: Im Winter und Frühjahr einmal die Woche schwach düngen.
Pflegen: Bei Bedarf im Herbst in durchlässiges, nährstoffreiches Substrat umtopfen. Die Pflanzgefäße sollten eher hoch als breit sein, da die Pflanze knollenförmig verdickte Wurzeln besitzt, die in der Höhe relativ viel Platz beanspruchen.
Vermehren: Aussaat in den warmen Vermehrungskasten in sandiges Substrat bei hoher Bodenwärme.
Schädlinge und Krankheiten: Auf zu nassen, kühlen Stand reagiert die Pflanze mit Blattfall, und die Wurzeln faulen. Blätter werden aber auch bei Ballentrockenheit abgeworfen.
Weitere Arten: In den Trockengebieten des südlichen Angolas, Südwestafrikas und Madagaskars kommen 17 Arten vor. Im Handel sind nur wenige Arten erhältlich:
P. geayi zeichnet sich durch einen zylindrischen, grauen Stamm aus, der dicht mit Dornen bedeckt ist. Die Blätter sind oberseits silbergrau, unterseits rötlich gefärbt und stehen rosettenförmig am Ende der Triebe.
P. namaquanum wird bis 1,8 m hoch. Der unverzweigte Stamm ist mit bis zu 5 cm langen Stacheln besetzt. Die Blüten sind rötlich-braun.

Die Pandorea ist ein immergrüner, langsamwüchsiger Kletterstrauch mit dunkelgrünen Fiederblättern, die aus 5–9 spitz-eiförmigen Fiederblättchen zusammengesetzt sind. Manche Arten werfen im Winter einen Teil ihrer Blätter ab. Die bis 5 cm großen Trichterblüten sind je nach Art weiß mit rosafarbenem Rand oder rosafarben mit dunklem Schlund.

Pandorea *Pandorea jasminoides*

tip Pandoreen bilden einen langblühenden Sichtschutz mit mediterranem Flair. Sie wachsen am besten ausgepflanzt in einem Beet. Hier können die Triebe gut an vorgespannten Drähten emporwachsen und so geleitet werden, wie der Wintergartenbesitzer es für notwendig hält.

Blütezeit: Juli bis Oktober.
Bei optimalen Bedingungen auch schon ab März blühend.
Standort: Ganzjährig sonnig und luftig, im Winter etwas kühler (15–18 °C).
Gießen: Zur Wachstumszeit vom Frühjahr bis zum Frühherbst je nach Temperatur reichlich gießen, aber für guten Wasserablauf sorgen, damit keine Staunässe entstehen kann. Im Winter, bei kühlerem Stand, nur mäßig gießen.
Düngen: Von März bis September einmal die Woche schwach düngen.
Pflegen: Die Pandorea braucht im Kübel, aber auch ausgepflanzt, ein Gerüst, an dem sie hinaufklettern kann. Um eine schöne Wuchsform zu erzielen, sollten die Triebe geordnet und am Gerüst festgebunden werden. Zu groß oder sparrig gewordene Pflanzen können im Herbst kräftig zurückgeschnitten werden. Bei Bedarf im Frühjahr in gut durchlässige, nährstoffreiche Erde umtopfen.
Vermehren: Im Frühjahr und Sommer können Triebstecklinge abgeschnitten und im warmen Vermehrungskasten bewurzelt werden. Auch eine Aussaat ist möglich.
Schädlinge und Krankheiten: An Neutrieben finden sich gerne Blattläuse ein.
Weitere Arten: *P. pandorana* ist eine starkwüchsigere Art, mit zunächst bronzefarbenen Fiederblättern. Die Blüten sind rahm- bis gelblichweiß oder rosafarben mit purpurfarbenem Schlund.

Der Name »Passionsblume« stammt von der häufigsten Art, Passiflora coerulea, deren Blütenteile mit den Attributen des Leidens Christi verglichen werden: die drei Narben stellen die Nägel, der rotbesprengte Strahlerkranz die Dornenkrone, der gestielte Fruchtknoten den Kelch, die fünf Staubbeutel die Wunden, die weiße Farbe der Blüten die Unschuld des Erlösers dar. Passionsblumen sind immergrüne Kletterpflanzen, die in vielen Arten und Sorten im Handel sind. Die rankenden Sträucher tragen einfache oder gelappte Blätter. Die relativ großen, weißen, roten oder violetten Blüten sitzen einzeln oder paarweise in den Blattachseln.

Passiflora **Passionsblume**

tip Passionsblumen eignen sich zum Begrünen von Wänden und als Raumteiler. Vor allem die buntblättrigen Arten und Sorten sorgen das ganze Jahr über für Farbe im Wintergarten.
Damit die außergewöhnlichen Blüten auch gut zur Geltung kommen, sollten die Kletterpflanzen nicht von anderen, großwüchsigen Kübelpflanzen verdeckt werden.

Blütezeit: Je nach Art Juni bis September.
Standort: Im Sommer sonnig und luftig und vor praller Sonneneinstrahlung, vor allem zur Mittagszeit, geschützt; im Winter hell, luftig und etwas kühler, aber nicht unter 15 °C.
Gießen: Zur Wachstumszeit reichlich gießen, jedoch Staunässe vermeiden; bei kühlerem Winterstand sparsamer gießen.
Düngen: Zur Wachstums- und Blütezeit einmal die Woche düngen.
Pflegen: Die langen Triebe rechtzeitig so an den Kletterhilfen befestigen, daß die prächtigen Blüten frei herabhängen können. Vor allem in den warmen Sommermonaten täglich mit kalkarmem, lauwarmem Wasser besprühen, um die Luftfeuchtigkeit zu erhöhen. Alle 2 Jahre im Frühjahr in gut durchlässige Erde umtopfen. Zu groß gewordene Pflanzen können kräftig zurückgeschnitten werden.
Vermehren: Durch Kopfstecklinge im warmen Vermehrungskasten.
Schädlinge und Krankheiten: Bei zu warmem und lufttrockenem Stand werden Schild- und Wolläuse sowie Spinnmilben angelockt. Gelbe Blätter sind ein Zeichen für Nährstoffmangel oder Staunässe.
Weitere Arten: *P. edulis* mit weiß-purpurnen Blüten, *P. coerulea* mit weißen Blüten, *P. violacea* mit violetten Blüten, *P. incarnata* mit blaßroten Blüten.
Es gibt auch Arten wie *P. trifasciata* oder *P. organensis,* die buntes Laub tragen.

Der Philodendron ist schon seit langem als Zimmerpflanze im Handel. Die kletternden oder buschig wachsenden, immergrünen Sträucher aus den tropischen Regenwäldern Süd- und Mittelamerikas sind in den unterschiedlichsten Blattformen, Blattfarben und Wuchsformen erhältlich, und immer wieder kommen neue Sorten in den Handel. Manche Arten bringen auch als Kübelpflanze ihre schönen weißen Blütenkolben mit gelben, weißen oder roten Hochblättern hervor.

Philodendron **Baumfreund**

Blütezeit: Nicht alle Arten blühen in Kultur.
Standort: Ganzjährig hell bis halbschattig, luftig und bei Zimmertemperatur (20–22 °C). Unbedingt vor praller Sonne schützen! Kann im Winter auch kühler stehen, jedoch nicht unter 16 °C.
Gießen: Ganzjährig der Umgebungstemperatur angepaßt gleichmäßig feucht halten. Mit kalkarmem, lauwarmem Wasser gießen.
Düngen: Von März bis Oktober einmal die Woche düngen.
Pflegen: Alle *Philodendron*-Arten brauchen eine Kletterhilfe. Eher aufrechtwachsende Arten begnügen sich schon mit einem Moosstab, an dem sie immer wieder befestigt werden, stärker kletternde Arten benötigen ein festes Klettergerüst oder gespannte Drähte, kleinere Arten können auch herunterhängend als Ampelpflanzen gehalten werden. Im Sommer häufiger mit lauwarmem, kalkfreiem Wasser besprühen. Ledrige Blätter hin und wieder mit einem nassen Schwamm abwischen. Zu groß gewordene Pflanzen können zurückgeschnitten werden. Luftwurzeln nicht abschneiden!
Vermehren: Im Frühjahr und Sommer Kopfstecklinge abnehmen und im warmen Vermehrungskasten bewurzeln lassen. Auch Abmoosen ist möglich.
Schädlinge und Krankheiten: Zu trockener Stand und schlechte Belüftung ziehen Schildläuse an. Nasse, kalte »Füße« verursachen Wurzelfäule.
Weitere Arten: Die Anzahl der *Philodendron*-Arten und -Sorten ist sehr groß, und es kommen jährlich immer wieder Neuzüchtungen hinzu.
P. domesticum trägt speerförmige, grüne, die Sorte 'Valerie' rote Blätter.
P. elegans hat lang gestielte, tief geschlitzte, dunkelgrün glänzende Blätter.
P. erubescens ist eine Art mit grünlichrotem Stamm, pfeilförmigen oberseits dunkelgrünen, unterseits purpurfarbenen Blättern. Rote Blätter tragen die Sorten 'Red Emerald' und 'Burgund'.
Die Blätter von *P. pedatum* sind dunkelgrün, mehrfach geteilt und bis 30 cm lang. Bei der Sorte 'Variegata' sind die Blätter weißbunt gefärbt.
P. rugosum ziert durch herzförmige grüne Blätter mit weißlichem Rand.
P. scandens ist eine kleinblättrige Art und ein starker Ranker.

tip Alle *Philodendron*-Arten und -Sorten sind schnellwüchsige, meist kletternd wachsende, immergrüne Blattschmuckpflanzen für den warmen Wintergarten. Allein mit dieser Pflanzengruppe ließe sich ein ganzer Wintergarten farblich und formenmäßig unterschiedlich gestalten.

Dattelpalmen sind in mehreren Arten in Südasien, Afrika und auf den Kanarischen Inseln heimisch. Die sehr langlebigen Fiederpalmen wachsen einzel- oder vielstämmig und bilden eine dichte Krone aus zahlreichen, kurzgestielten Fiederblättern. Der Stamm besitzt bei den meisten Arten eine rauhe Oberfläche, die unteren Blätter sind zu spitzen Dornen umgewandelt. Die Blütenstände sind gelb bis cremefarben, erscheinen meist aber erst bei älteren Exemplaren.

Dattelpalme *Phoenix*

Blütezeit: August bis September.
Standort: Von März bis November vollsonnig, luftig und warm; die Wintermonate über hell und kühl, bei 5–10 °C.
Gießen: Zur Wachstumszeit reichlich, im Winter sparsam gießen, nur so viel, daß der Wurzelballen nicht vollständig austrocknet.
Düngen: Von März bis Oktober, zur Wachstumszeit, alle 2 Wochen düngen.
Pflegen: Im Sommer ab und zu mit lauwarmem, kalkfreiem Wasser besprühen, um die Luftfeuchtigkeit zu erhöhen. Verdorrte Wedel herausschneiden. Wenn die Wurzeln den Topf ausfüllen, im Frühjahr in gut durchlässige, nährstoffreiche Erde und hohe Gefäße umtopfen. Zu groß gewordene Wurzelballen können vorsichtig seitlich und unten beschnitten werden.
Vermehren: Durch Aussaat in den warmen Vermehrungskasten. Die Keimzeit dauert je nach Art sehr lang.
Schädlinge und Krankheiten: Bei zu warmer Überwinterung treten Schildläuse und Spinnmilben auf. Stauende Nässe bei kaltem Stand führt unweigerlich zu Wurzelfäule. Braune Flecken auf den Blättern sind ein Zeichen für zu nasse Haltung.
Weitere Arten: Die Kanarische Dattelpalme *(P. canariensis)* ist die am häufigsten kultivierte Dattelpalmen-Art, da sie am pflegeleichtesten ist. Die Pflanze wächst einstämmig und trägt sehr große Fiederblätter.
Die Echte Dattelpalme *(P. dactylifera)* besitzt einen hellbraunen Stamm, an dem mit zunehmendem Alter immer mehr Narben der abgefallenen Blätter zu erkennen sind. Die Pflanze wächst sehr gut und kann auch im Wintergarten enorme Größen annehmen.
Die einstämmige Zwergdattelpalme *(P. roebelenii)* hat den zierlichsten Wuchs. Ihr Stamm ist mit faserigen Blattscheidenresten bedeckt. Diese Art braucht die meiste Wärme und die höchste Luftfeuchtigkeit.

tip Dattelpalmen bringen eine tropische Stimmung in den Wintergarten. Sie wirken allein für sich gestellt am besten, benötigen mit den Jahren aber zunehmend mehr Platz und sind immer schwerer zu bewegen.
Vorsicht ist geboten vor den derben, steifen Wedeln der Kanarischen Dattelpalme!

Bambus ist eine strauchig wachsende Pflanze mit kriechendem, ausläufertreibendem Wurzelstock, aus dem grüne, gestreifte oder gefleckte Halme mit büschelig oder quirlig angeordneten Zweigen hervorwachsen. Die lichtgrünen, länglichen Blätter sind kurzgestielt und von einem würfeligen Adernetz durchzogen.

Phyllostachys **Bambus**

Blütezeit: Blüht in Kultur kaum.
Standort: Ganzjährig sonnig, warm und luftig.
Gießen: Vor allem im Sommer reichlich gießen, jedoch für guten Wasserablauf sorgen und Staunässe vermeiden – Bambus ist keine Sumpfpflanze, wie manche meinen, mag daher auch keine nassen Füße! Zum Gießen lauwarmes, kalkarmes Wasser verwenden.
Düngen: Von März bis September alle 3 Wochen düngen.
Pflegen: Da es sich beim Bambus um ausläufertreibende Pflanzen handelt, muß das Pflanzgefäß sehr groß und breit, mindestens aber 3 – 4 mal so groß wie der Wurzelballen sein. Im Frühjahr in gut durchlässige Erde umtopfen, dabei ältere Halme auslichten und Ausläufer zur Vermehrung abnehmen.
Vermehren: Durch Teilen der Altpflanze und Abnahme der Ausläufer.
Schädlinge und Krankheiten: Da Bambus einen sehr hohen Gehalt an Kieselsäure in Blättern, Zweigen und Halmen hat, ist er für Schädlinge nicht attraktiv. Gelbe Blätter entstehen durch nasse, kalte Füße oder Nährstoffmangel.
Weitere Arten: Im Handel sind mehrere Arten: Die Halme des Goldrohrbambus *(P. aurea)* färben sich mit zunehmendem Alter von Grün nach Gelborange oder Strohgelb um.
P. bambusoides 'Castillonii' kann bis zu 3 m hoch werden. Die gelben Halme haben grüne Streifen.
Der Schwarzrohrbambus *(P. nigra)* erreicht bis zu 2 m Höhe. Seine Halme sind schwarzpurpurn gefärbt und stehen in schönem Kontrast zu dem lichten Grün der Blätter.

tip Bambuspflanzen vermitteln ein asiatisches Flair und können in kurzer Zeit große Pflanzgefäße und leere Ecken ausfüllen. Wegen ihres guten Wachstums sind sie besser in einem Beet als in einem Kübel untergebracht, aber auch hier müssen sie mit der Zeit im Zaum gehalten werden.
Schöne, zum asiatischen Stil passende Begleitpflanzen sind vor allem rotblühende Azaleen.

Der Klebsame bekam seinen deutschen Namen aufgrund der klebrigen Masse, in die seine Samen eingebettet sind. Die immergrünen, anspruchslosen Sträucher aus Asien und Afrika werden vor allem

ihrer hübschen, oberseits stark glänzenden Blätter wegen als Kübelpflanzen kultiviert. Manche der Arten bringen auch in Kultur weiße, gelbliche oder rote, duftende Blüten hervor.

Klebsame *Pittospermum*

Blütezeit: Je nach Art März bis Mai.
Standort: Ganzjährig sonnig bis hell und luftig; im Winter kühl bei 5–15 °C. Arten mit dünnen Blättern müssen im Sommer zur Mittagszeit vor praller Sonne geschützt werden.
Gießen: Bei sonnigem Stand reichlich gießen, sonst mäßig feucht halten und bei kühlem Winterstand den Temperaturen angepaßt sparsam gießen, den Wurzelballen über längere Zeit aber nicht ganz austrocknen lassen.
Düngen: Von März bis September einmal pro Woche düngen.
Pflegen: Jungpflanzen sollten öfter gestutzt werden, damit eine buschigere Wuchsform erreicht wird. Zu dicht gewordene Sträucher können im Frühjahr zurückgeschnitten und ausgelichtet werden. Im Frühjahr in gut durchlässiges Substrat umtopfen.
Vermehren: Im Frühsommer Triebstecklinge schneiden und im warmen Vermehrungskasten bewurzeln lassen. Ganzjährige Aussaat im warmen Vermehrungskasten ist möglich.
Schädlinge und Krankheiten: Bei trockener Luft treten Schild- und Wolläuse auf. Neutriebe öfter auf Blattlausbefall untersuchen.
Weitere Arten: *P. bicolor* ist ein kleiner Baum, dessen junge Triebe filzig behaart sind. Die linealischen, ledrigen Blätter sind oberseits dunkelgrün, unterseits zunächst weiß-, dann braunfilzig. Die Pflanze bringt braunrote, duftende Blüten hervor.
P. crassifolium wächst strauchförmig und trägt dicke, ledrige Blätter, die oben graugrün, unten weißfilzig sind. Die dunkelroten Blüten erscheinen im Spätwinter.
P. tobira wird am häufigsten in Kultur gehalten. Der dichtverzweigte Strauch bringt cremeweiße, nach Zitrone duftende Blüten hervor.
P. undulatum, eine langsamwüchsige Art, fällt durch ihre am Rand gewellten Blätter auf.

tip Der Klebsame kann als dominierende Haupt- oder Solitärpflanze im winterkühlen Wintergarten dienen. Zu der attraktiven Blattpflanze passen Blütenpflanzen mit großen, auffälligen Blüten, die einen starken Kontrast bilden.

Der Frangipani kommt in 7 Arten in Westindien, Mittelamerika und dem nördlichen Südamerika vor. Der kleine Baum trägt dicke, fleischige Zweige und regelmäßig gegabelte Äste. Die derben, lanzettlichen, langgestielten, dunkelgrünen Blätter sitzen schopfartig am Triebende. Vor der Blüte im Frühsommer wirft der Baum alle Blätter ab. Die wachsartigen, weißen oder cremefarbenen Blüten sitzen in endständigen Trugdolden und verbreiten mit ihrem starken Duft tropische Atmosphäre.

Plumeria **Frangipani**

tip Der Frangipani gehört zu den am schönsten blühenden und duftenden Tropenpflanzen und sollte daher zur Blütezeit unbedingt einen exponierten Platz bekommen, an dem von allen Seiten der wunderbare Kontrast zwischen den dunkelgrünen Blättern und den wachsartigen weißen oder roten Blüten zu sehen ist. Wer stark duftende Pflanzen verträgt, sollte sich zur Blütezeit einen Sitz- oder Liegeplatz in Pflanzennähe sichern. Vorsicht jedoch, die Pflanze ist in allen Teilen giftig!

Blütezeit: Frühsommer.
Standort: Ganzjährig vollsonnig und luftig; auch im Winter nicht unter 15 °C.
Gießen: Im Sommer gleichmäßig feucht, nicht naß halten. Erde vor dem nächsten Gießen etwas antrocknen lassen. Zur Ruhezeit von November bis Mai nur hin und wieder gießen, Wurzelballen aber nicht vollständig austrocknen lassen.
Düngen: Von April bis September einmal die Woche düngen.
Pflegen: Vor der Blüte in gut durchlässige Erde umtopfen. Zur Wachstumszeit öfter mit lauwarmem, kalkfreiem Wasser besprühen, um für die notwendige Luftfeuchtigkeit zu sorgen.
Vermehren: Im Frühsommer Triebstecklinge abnehmen und im warmen Vermehrungskasten bewurzeln lassen. Auch eine Aussaat im warmen Vermehrungskasten ist möglich.
Schädlinge und Krankheiten: Bei zu trockener Luft und schlechter Belüftung finden sich schnell Spinnmilben und Wolläuse ein. Zuviel Gießen während der Ruhezeit im Winter kann zu Wurzel- und Stammfäule führen.
Weitere Arten: Bisher sind nur 2 Arten im Handel erhältlich: *P. alba* bringt weiße, *P. rubra* rote Blüten hervor.

Die Stecken- oder Rutenpalme aus Ostasien ist eine dankbare, Ausläufer bildende Palme, die sowohl im Wohn-, als auch im winterkühlen Wintergarten ihren Platz finden kann. Die langsamwüchsigen Pflanzen wirken einzeln nicht sehr attraktiv, bilden aber mit der Zeit vielstämmige, strauchartige Gruppen. Die fächer- bis schirmartigen Wedel sind tief eingeschnitten und stehen auf schlanken, faserigen Stengeln.

Steckenpalme *Rhapis excelsa*

Blütezeit: Blüht in Kultur nicht.
Standort: Hell bis halbschattig, warm und luftig. Verträgt keine pralle Sonne! Je heller der Standort, desto wärmer kann er sein. Die Pflanze kann aber auch den Winter über kühler gehalten werden.
Gießen: Zur Wachstumszeit gleichmäßig feucht halten, Erde vor dem nächsten Gießen leicht antrocknen lassen. Je kühler der Standort, desto sparsamer muß gegossen werden.
Düngen: Von April bis Oktober einmal wöchentlich schwach düngen.
Pflegen: Die Pflanze braucht zum guten Wachsen eine hohe Luftfeuchtigkeit. Sie sollte daher – vor allem bei warmem Stand – öfter mit lauwarmem, kalkfreiem Wasser besprüht werden. Zu groß gewordene Pflanzen im Frühjahr in gut durchlässige Erde umtopfen.
Vermehren: Durch Abnehmen und Eintopfen der Ausläufer läßt sich die Pflanze leicht vermehren. Auch eine Aussaat ist möglich. Die Keimzeit beträgt allerdings 2 – 3 Monate.
Schädlinge und Krankheiten: Bei zu geringer Luftfeuchtigkeit treten Schild- und Wolläuse an den Blattunterseiten auf. Braune Blattspitzen sind ein Anzeichen für zu trockene Haltung. Ein Vergilben der Wedel deutet auf einen zu sonnigen Stand hin.
Weitere Arten: Bei der Niedrigen Steckenpalme *(R. humilis)* entspringen einem unterirdischen Rhizom rohrartige Stämme. Diese Art kommt mit weniger Licht aus, braucht dafür aber eine hohe Luftfeuchtigkeit.

tip Die Steckenpalme wirkt nur im Alter, wenn sie sich aufgrund ihrer Ausläuferbildung zu einer vielstämmigen Gruppe entwickelt hat, oder man muß mehrere Jungpflanzen zusammen in einen Kübel setzen, damit ein buschartiges Aussehen erreicht wird. Wie alle Palmen kann auch die Steckenpalme in einem mediterran oder tropisch ausgerichtetem Wintergarten stehen.

Die aus Mittelamerika stammende Sabalpalme ist eine großblättrige, robuste Fächerpalme mit einstämmigem Wuchs, die jedoch Ausläufer bildet. Sabal minor ist die niedrigste Art der Gattung und trägt dunkel- bis graugrüne Wedel.

Sabal minor **Sabalpalme**

tip Die Sabalpalme ist eine sehr dekorative Palmenart für den temperierten Wohn-Wintergarten. Sie vermittelt, wie alle Palmenarten, ein tropisches Flair und kann sowohl mit tropischen als auch mit mediterranen Kübelpflanzen kombiniert werden. Ein besseres Wachstum wird durch Auspflanzen ins Beet erreicht.

Blütezeit: Blüht in Kultur nur äußerst selten.
Standort: Ganzjährig hell und luftig, vor allem in den Sommermonaten vor praller Mittagssonne schützen. Im Winter kühler (bei ca. 15 °C) stellen.
Gießen: Zur Wachstumszeit reichlich gießen; im Winter nur sparsam gießen, je niedriger die Temperatur, desto weniger.
Düngen: Von April bis Oktober einmal die Woche schwach düngen.
Pflegen: Wenn der Wurzelballen zu groß geworden ist, im Frühjahr in gut durchlässiges, nährstoffreiches Substrat und hohe Töpfe umpflanzen. Bei warmem Standort öfter mit lauwarmem, kalkfreiem Wasser sprühen.
Vermehren: Im Herbst Ausläufer abnehmen und eintopfen. Auch eine Aussaat in den warmen Vermehrungskasten ist möglich. Die Keimzeit beträgt 2–3 Monate.
Schädlinge und Krankheiten: Ein warmer, trockener Standort begünstigt den Befall mit Weißer Fliege, Spinnmilben, Schild- und Wolläusen. Gießen mit zu kaltem Wasser führt zu Wurzelschäden und Wachstumsstörungen.
Weitere Arten: Die Palmettopalme *(S. palmetto)* ist noch etwas robuster. Sie trägt leicht bläulich gefärbte, tief geschlitzte Blätter.

Die Zimmerlinde, ein reich verzweigter, breit ausladender, immergrüner Strauch mit großen, hellgrünen, weichhaarigen Blättern war schon in früheren Zeiten eine beliebte Zimmer- und Wintergartenpflanze. Sie wurde jedoch im Laufe der Zeit durch vielerlei tropische und exotische Arten verdrängt. Heute kommt die raschwüchsige Pflanze wieder zu neuen Ehren. In den Wintermonaten schmücken sich ältere Exemplare mit langgestielten, vielblütigen Blütendolden. Das Aparte an den kleinen Einzelblüten sind die braun-gelben Staubfäden, die in wunderschönem Kontrast zu den weißen Kronblättern stehen.

Zimmerlinde *Sparmannia africana*

tip Die Zimmerlinde ist eine herrliche, lichte Blattpflanze mit hohem Platzbedarf. Sie steht in krassem Gegensatz zu dunkel- und kleinblättrigen Grünpflanzen, und wirkt am besten ganz für sich allein gestellt!

Blütezeit: Ältere, größere Pflanzen blühen vom Winter bis ins Frühjahr hinein.
Standort: Hell bis sonnig, mäßig warm und luftig. Stets vor praller Sonneneinstrahlung geschützt, vor allem in den Sommermonaten! Im Winter nicht wärmer als 15 °C.
Gießen: Im Sommer und bei warmem Stand reichlich gießen, Staunässe jedoch vermeiden. Bei kühlerem Stand nur mäßig gießen.
Düngen: Von März bis Oktober einmal pro Woche düngen.
Pflegen: Bei Bedarf im zeitigen Frühjahr nach einem Rückschnitt in gut durchlässiges, nährstoffreiches Substrat umtopfen. Da die Zimmerlinde sehr stark wurzelt, sollte sie in einem großen Topf untergebracht werden. Die Pflanze entwickelt sehr viel Blattwerk, daher für gute Standfestigkeit des Pflanzgefäßes sorgen. Zugluft vermeiden!
Vermehren: Im Sommer Kopfstecklinge schneiden und im abgedeckten Vermehrungskasten bei ca. 20 °C anwurzeln lassen.
Schädlinge und Krankheiten: Bei schlechter Belüftung und zu trockenem Stand ist die Gefahr eines Befalls mit Weißer Fliege und Spinnmilben sehr groß. Gelbe Blätter weisen auf einen Nährstoffmangel hin, lange Triebe sind ein Zeichen für Licht- und Nährstoffmangel.
Weitere Arten: Von der Zimmerlinde sind 7 Arten aus dem tropischen und südlichen Afrika und Madagaskar bekannt. *S. palmata* trägt kleinere, tief gelappte, hellgrüne Blätter. Die Sorte 'Plena' fällt durch gefüllte Blüten auf.

Die Hanfpalme gehört zu den großblättrigen Fächerpalmen. Sie wird bis 3 m hoch, wächst langsam und einstämmig und ist relativ anspruchslos in der Pflege. Dichte braune Fasern umhüllen den Stamm und die Blattstielansätze. Die mattgrünen Wedel sind tief vielstrahlig und sitzen an feingezähnten Blattstielen. Sie stehen zunächst fast waagerecht ab, werden mit zunehmendem Alter und Größe aber immer hängender im Wuchs.

Trachycarpus fortunei **Hanfpalme**

Blütezeit: Blüht in Kultur nicht.
Standort: Ganzjährig sonnig bis halbschattig und luftig – jedoch vor praller Mittagssonne im Frühjahr und Sommer geschützt. Im Winter kühler unterbringen (ca. 10 °C). Je heller der Standort im Winter, desto wärmer kann die Palme stehen.
Gießen: Zur Wachstumszeit von Frühjahr bis Herbst bei warmem, sonnigem Stand reichlich gießen. Im Winter den Licht- und Temperaturverhältnissen angepaßt weniger gießen. Staunässe und Ballentrockenheit vermeiden.
Düngen: Von Mai bis September alle 2 Wochen düngen.
Pflegen: Bei Bedarf im Frühjahr in gut durchlässige, nährstoffreiche Erde umtopfen. Bei warmem, sonnigem Stand die Wedel öfter einmal mit lauwarmem, kalkfreiem Wasser besprühen.
Vermehren: Aussaat in den warmen, geschlossenen Vermehrungskasten. Keimdauer 1–4 Monate.
Schädlinge und Krankheiten: Bei schlechter Belüftung und zu trockener Luft siedeln sich Spinnmilben und Schildläuse an. Zuviel Gießen bei kühlerem Stand kann zu Wurzelfäulnis führen.
Weitere Arten: Vom westlichen Himalaja bis China und Japan kommen 6 Arten vor.
T. nana aus China ist eine kleinwüchsige, stammlose Art.

tip Die Hanfpalme gedeiht besser, wenn sie im Winter einen hellen, aber kühlen Standort bekommt. Sie eignet sich daher am besten als ganzjährige Solitärpflanze für den winterkühlen Wintergarten. Hier hat sie ihren festen Platz und muß nicht zur Ruhezeit umgeräumt werden, was bei großen Pflanzen nicht immer einfach ist.

Bezugsquellen

Die folgende Zusammenstellung erhebt keinen Anspruch auf Vollständigkeit. Fachhandel, Gartencenter, Baumärkte, ständige Fertighaus-Ausstellungen an verschiedenen Orten sowie Messen und Ausstellungen zum Bereich Garten und Wohnen bieten weitere Informationsmöglichkieten. Im Bedarfsfall sind auch dort Hersteller- und Händleradressen erhältlich.

Wintergärten und Zubehör

Aludur Aluminium-Werke
Wutöschingen
Postfach
79793 Wutöschingen

ASFÖ Leichtmetallbau
83555 Gars/Inn

Bartscher GmbH & Co.
Franz-Kleine-Straße 28
33154 Salzkotten

Ing. G. Beckmann KG
Simoniusstraße 10
88239 Wangen

Claus Markisen
Bissinger Str. 9
73266 Ochsenwang

Fink Wintergärten
85088 Vohburg-Rockolding

Flachglas AG
Postfach 100851
45884 Gelsenkirchen

HPS-Wintergarten-Systeme
Duderstädter Weg 30–32
31303 Burgdorf

Ibscher Fenster und Türen GmbH
Bognerhofweg 12
81825 München

Kuno Krieger
Gewächshäuser und Wintergärten
Gahlenfeldstraße 5
58313 Herdecke

Lüftomatik
Industriestraße 1
69198 Schriesheim

Marohl Wintergarten GmbH
Am Höllenbach 22
83329 Waging am See

Ernst Pudenz GmbH
Im Haferkamp 1
33815 Leopoldshöhe

Reich Bewässerungs-, Solar- und Regeltechnik
Heidgesweg 9
53913 Swisttal-Miehl

Sans Souci – Wintergärten mit Stil
Uerdinger Straße 90–92
40474 Düsseldorf

Schennjesse Wintergärten
Röhlingsweg 4
24768 Rendsburg

Schüco International
Karolinenstraße 1–15
33069 Bielefeld

Selfkant Wolters GmbH
Maria-Lind-Str. 99
52525 Braunsrath

Steinhauer GmbH
57612 Kircheib

Sunshine Wintergarten GmbH
Boschstraße 1
48703 Stadtlohn

Vegla Vereinigte Glaswerke GmbH
Viktoriaallee 3–5
52066 Aachen

Veka AG
Postfach 1262
48324 Sendenhorst

Wintergartenpflanzen

R. und K. Baum
Scheffelrain 1
71229 Leonberg

Walter Daunicht
Gärtnerstr. 5
26810 Westoverledingen

Peter Fischer
Höden 16
21789 Wingst

Flora Mediterranea
Ch. und M. Köchel
Königsgütler 5
84072 Au/Hallertau

Ibero-Import
Bahnhofstr. 12
37249 Neu-Eichenberg

Peter Klock
Stutsmoor 42
22607 Hamburg

W. Neudorff GmbH KG
An der Mühle 3
31860 Emmerthal

Pflanzen Kölle
Goteboldstr. 5
81247 München

Register

Bildnachweis:

Becker: 60, 62; Floraprint Inter. (Stehling): U1; Geduldig: 94, 98, 107, 122, 128, 142, 153, 155; Himmelhuber: 46 (r.u), 72 (o.), 73, 81, 84, 86 (2), 87 (2), 91, 93, 95, 96, 99, 101, 106 (2), 109, 113, 118, 119, 120, 125, 126, 127, 132, 135, 136, 137, 138, 139, 140, 143, 145, 148, 151; Kawollek: 88 (2), 89; Klock: 57, 66, 94, 98, 99, 102, 103, 104, 105, 109, 111, 114, 127, 129, 138, 140, 145, 148, 149; Krieger: 43, 52; Marohl: 21, 22, 31, 35; Photopress (Rose): 46 (o.); Pinske: 8, 9, 11, 12, 16, 17, 41 (2), 51, 72 (l.u.)76, 111, 122, 144; Redeleit: 2, 10, 13, 14, 15, 16 (o., r.u.), 32, 36, 37, 46 (l.u.), 47, 48, 49, 53 (2), 59, 61, 72 (r.u.), 74, 77, 78, 79, 80, 82, 85, 92, 100, 123 (2), 141, U4 (3); Reinhard: 64, 97, 115, 121 (2), 124, 133, 150, 154; Schennjesse (Geprom): 20 (l.u.), 25 (2), 27; Schüco: 23, 24, 26, 28, 29, 30, 33, 34, 40, 49 (u.); Strauß: 38, 56, 58, 63, 65, 67 (2), 75, 90, 102, 108, 110, 112, 116, 129, 130, 134, 146, 147, U4; Vegla (mkt GmbH): 19, 39, 42, 49 (o.).